一生、仕事に困らない

「最強の自分」の作り方

PR戦略コンサルタント
田 美智子
Michiko Den

コスミック出版

装丁：川畑サユリ
表紙イラスト：澁谷和之（澁谷デザイン事務所）
本文イラスト：amasawa Mai

はじめに

「はじめまして。田　美智子と申します。本名で日本人で北海道出身です。」
田（でん）という名字が珍しいので、いつもここまでをセットにして自己紹介をしています。

私はフリーランスでＰＲ戦略のコンサルティングをしています。企業や個人の関係性作りをする仕事です。どうやったら自分たちのことを知ってもらえるのか？　好意的に思ってもらえるか？　世の中にいい影響を与えられるのか？　を考えています。

他にも家事や掃除が趣味なので、それを活かして友人宅の家事代行や生活改善アドバイザーをしたり、知り合いの経営者のファッションスタイリングをしたり、常に幅広い複数の仕事をしています。

ほとんどが友人や知り合いからの依頼で始まった仕事ばかりです。また、５年前から母校の宮城大学で非常勤講師としてＰＲやキャリアについて講義をしています。

毎年、授業の後半で質問コーナーを設けるのですが、そこで受ける学生からの質問が、本書を書くきっかけのひとつになっています。

大学3年生というちょうど就活について真剣に考え始める時期で、同時に人生をどうしていこうか？　と考えている時なので、とても大きな、次のようなテーマの質問をいただきます。


「どうしたら長い人生を楽しんでいけますか？」

「自分のやりたいことに素直に生きるにはどうしたらいいですか？」

「何歳で結婚したらいいと思いますか？」


私は2023年で42歳。ちょうど大学を卒業して20年が経ちます。

あまりの時の速さに今書いていて愕然としていますが、私は、8000人の大企業から200人のベンチャー中堅企業、10人のスタートアップ企業、3人のベンチャーキャピタル、そして1人のフリーランスまで幅広い環境で働いてきています。

実社会に出てからたくさんの人々に出会いました。ある職場では、時代の流れから将来を見捉えた新規事業をいくつも立ち上げ、会社を急成長させる大変有能な社長からビジネスの多くを学ぶことができました。また、ある職場では、クライアントの無理難題や社内トラブルにも真摯に向き合い、いつも笑顔で他人に接し、粘り強くプロジェクトを完遂していく同僚に出会いました。

心から尊敬できる人がいた一方で、仕事で愚痴ばかり言い成果の出さない人、忙しい忙しいといつも時間に追われていて余裕のない人が大勢いました。

仕事をバリバリこなし、充実した余暇を過ごし、プライベートも幸せそのものといった人に出会うことは、意外に少ないものだなと気づきました。

自分自身を見失ってしまって路頭に迷っている人、仕事をすること自体が生きる目的になってしまい、人生をどうしたいかまでを考えられていない人に今でもたくさん出会います。

これが今の日本の現実の社会だと思います。

こんな状況では大学生だって社会に出ることが不安になることでしょう。だからこそ私に質問してくるのです。

私はこれまでの自分の波乱万丈でカラフルな人生にとても満足しています。何より今はとても幸せな毎日を過ごしています。

どうして幸せなのかというと、次のような環境で生きることを自分で決めて作り出しているからです。

仕事においては
＊自分の軸に沿った働き方をする
＊自分のことを理解し尊重してくれる素晴らしい人たちと仕事をする
＊ほどよい時間働き、余裕のある状態を保つ
＊自宅やオンライン、コミュニティスペース、たまに沖縄など好きな所で仕事をする
＊できないことにもチャレンジして、できるようになる過程を楽しむ

日常においては
＊何でも話せて頼れる仲間がたくさんいる
＊おいしいご飯を毎日食べて、よく寝ている
＊家をいつもきれいにして、居心地のいい状態にしている
＊大好きなファッションを楽しんでいる

＊言いたいことは言う

いつもこのような状態でいるために今どうしたらいいか？　を常に考えて行動しています。

日々の生活や仕事を誰かにやらされているのではなく、自分の軸を持ち、やりたいからやっている、そんな状況を自分自身で作り出しているからこそ幸せを感じるのだと思います。周りの目を気にしないと言うことも常に意識しています。

私は自分で決めたことには集中してストイックに取り組みます。けれど、興味がなくなったり、向いてないと感じたらすぐにやめて次の興味あるものに飛びつきます。

とてもこの回転が早いので、しょっちゅう自己紹介がフィットしないものになるのが悩みでもあります（笑）。でも、そんな自分が好きだったりもします。

本書では、「自分の望まない状態になっている人」と「生き生きと自分のやりたいことをやれている人」の違いについて明らかにしていきたいと思います。そして、誰しもが持つ「強み」をどうやって見つけ、使い、［最強の自分］を作っていくのかを考えます。［最強の自分］というのは人が決めることではありません。自分で自分のことを最強！　自分の人生が一番面白い！　と思える状態になることです。

強みを活かして仕事をすることで、人生の充実度は大きく変わります。

自分だからできること、とにかく大好きで夢中になれること、そんなことが仕事になったら日々の輝き度合いは大きく変わります。

月曜日の朝起きた時に「あぁ……会社行きたくない……」なんて思うこともなくなるはずです。

本書では、人生を楽しく、そして仕事をより充実させるための強みの見つけ方、［最強の自分］をどう作っていくかについてお伝えします。

本書を読んだ方が思考を整理し行動することで何かしらの変化をし、自信を持って仕事をし、豊かな人生を送ってくださることを私は期待しています。

田　美智子

一生、仕事に困らない「最強の自分」の作り方　目次

第2章 仕事に困る人の特徴

第3章 強みを作る要素を見つける

第4章 思考と環境を整理する

第5章 「なりたい自分」を決める

第6章 行動する仕掛けを作る

第7章

PRでつながりを作る

第1章

一生、仕事に困らないとは？

一生、仕事に困らないって、どういうこと？

「一生、仕事に困らない」とタイトルに銘打ちましたが、それってどういうことだろう？

という疑問が湧くかと思います。

タイトルを見て、「一生を保証された仕事を得られるのでは？」と勘違いされた方がいたら、先に謝ります。ちょっとニュアンスが違うんです。

一生、仕事に困らないというのは、どんな時も仕事に困らない自分になっている状態です。それは、**仕事を誰かに与えられるのではなく、自ら自分で掴み取りにいく胆力がある状態**のことを言います。

言い換えると、**やみくもに不安を抱えながら仕事をするのではなく、いつでも仕事を選べる状態**のことです。

つまりは、**自分の強みを持ち、自信を持った状態で生きていける状態**を意味します。

一生、仕事に困らないの定義

1　どんな時も仕事に困らない自分になっている状態
2　仕事を誰かに与えられるのではなく、自ら自分で掴み取りにいく胆力がある状態
3　やみくもに不安を抱えながら仕事をするのではなく、いつでも仕事を選べる状態
4　自分の強みを持ち、自信を持った状態で生きていける状態

一生、仕事に困らないためには、意欲やマインドが必要になります。これらの状態になるためには、次の複数のステップを踏んでいきます。

一生、仕事に困らないためのステップ

1　自分自身が今どういう状況にあるのかを理解する
2　自分自身の才能や資質を認識する

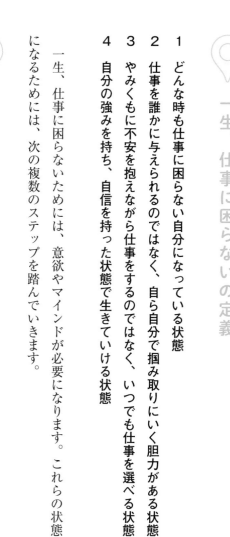

3　今後どうなりたいかを明確にする

4　その上で何をしたらその理想を叶えられるのかを考える

5　才能や資質を使って行動し、経験を積み実績を持つ

これらのステップを踏んで経験を重ねた状態になると、自分自身の強みを認識できて仕事を選択できると思えるようになります。

仕事をするのは誰のため？

一般的に仕事をする上で重要とされていることは、サラリーマンの場合、会社やクライアントから求められていることを成果として達成することです。

売上を上げたい、顧客満足度を上げたい、認知を得たい、社員教育をして組織レベルを上げたいなど要望は多種多様ですが、大事なことは最終的にその目標を達成することです。どうやったらその目標を達成するかを考えて実行していくことになります。

だけど、考えてみてください。その仕事は誰のためにやっているのかを。

結論から言うと、**仕事は自分のためにするもの**です。

会社のため、クライアントのために仕事することで、他者や社会に何かいい影響を与えているはずです。また、目標を達成したときの充実感は生きがいにもなります。だからこそ**仕事は自分のためにするものであり、自分を幸せにしてこそ意味のあるものになる**のです。

会社は学校みたいなもの

以前、『会社は学校じゃねえんだよ』という三浦翔平さん主演のabemaのドラマがありました。

「会社は学校じゃねえんだよ」というセリフがドラマの中で頻繁に叫ばれるのですが、聞くたびに私は「会社は学校なんだよなぁ」と思っていました。

というのも、会社は目標も定めてくれるし、何をしたらいいのかも、改善ポイントまでも上司が教えてくれたりします。社員がのびのびと生活し成長できるように福利厚生や学習プログラムまで用意されていて、本当にいたせりつくせりの学校です。

せっかくそんな環境にいるのだから、会社からコレコレをしましょうと出されたものにそのまま従順に動くのではなく、**会社で何を得たいのか、仕事でどんな才能や強みが発揮できるのかを意識しながら働いてみる**のはどうでしょうか。

会社はあくまでも自分を育てるための場所であり手段であると捉えることで、仕事への向き合い方が大きく変わります。仕事との向き合い方が変わることで、**個人のスキル習得や才能強化に関して貪欲になり始める**はずです。

世間には「普通は……」「常識的には……」とそんな言葉が溢れていますが、その言葉の枠内に収まる仕事ができたらいいや、そんなふうに考えているうちは仕事がおもしろいと思える感覚にはならないでしょう。

仕事において、ワクワクするような心躍るような感情になるのはどんなシーンを迎えた時でしょうか。

上司から与えられたお題に対して、自分で「これをやったらいいだろう」と必死になって考え行動し、成功した時や自分の才能が生かされたと感じた時。いつもの枠の範囲を飛び出してチャレンジした時。他人のアドバイスや本に書いてあったことをそのままやるのではなく、自分の考えを織り交ぜながらやってみて結果に結びついた時に心が弾むはずです。

つまり、**日々の仕事に創意工夫をどれだけ仕掛けていけるかで自分の中のオリジナリティのレベルは大きく変わっていく**のです。

誰だって、何だって、初めは上手くはいかない

私の好きな仕事は0を1にすることです。これまで誰もやったことがないことを自分で仕掛けていくことが大好きです。誰かが引いたレールの上ではなく、自分でレールを作った時にとても興奮します。「私がやったんだ！」と大きな声で言えた時、それはもうとにかく快感です。

それを何度も繰り返すことによって自分の中のオリジナリティのクオリティを上げていくことができます。

けれど、それも初めから得意だったわけでも好きだったわけでもありません。

会社から与えられたことに対して意欲的に取り組み、幅広い仕事をしていく中で徐々に自分が好きなポイントを感じるようになりました。

何度も実験して失敗して経験を積んだからこそ、そのおもしろさがわかってきたのです。もし、**オリジナリティを持って生きたいと思うなら、初めから枠の中でいいやと縮こまるのではなく、恐れずにチャレンジしてみる**ことが大事です。

いつでも何でもできるという自由な発想を持つ

大学の授業で「学生時代にやっとけばよかったと思うことは?」という質問をいただきます。これは本当によく学生から聞かれます。

「やっておけばよかったのは何か」を置き換えると「やらなくて後悔していること」だと思いますが、しかしながら、**学生だからできて、今できないことは何だろうと考えても特に思いつかない**のです。

どうしてかというと、**人はいつからだって始めていいし、やりたいときにやりたいことができる**と考えるからです。

先ほどの問いに強いて答えるのであれば「ビールの売り子は学生の時にやりたかったなぁ」という答えは出せます。けれど、それだって今でもできないことはないと思います。

もちろん今ビールの売り子をしている人は若い人が多いですが、「どうしてもやりたいんです！」と熱烈に売り込めばもしかしたら、やらせてくれるかもしれません。他の若い売り子にはない要素とか、球場や顧客にとって私が売ることでのメリットとかを感じてもらえれば、採用してもらえる可能性はゼロではありません。

私は本気でそれを考えているし、採用情報までもう調べています（笑）。あとは応募するだけです。採用には年齢制限をつけてはいけないという決まりがあるので、私が面接を受けることは可能なのです。

書類選考で落ちる可能性はありますが、そうならないよう、私だったら球団の人やビール会社の方と違うルートでつながって関係を作り、なんとか面接にまではこぎつけられるよう頑張っている姿が目に浮かびます。

「英語をやっておけばよかった」「資格をとっておけばよかった」「大学に行っておけ

ばよかった」などなど。これら全部、社会人になってからでもできます。

「いつ何をしてもいい」という自由な発想を持つこと。それによって選択肢は無限に広がります。

自分の捉え方次第でいくらでもチャレンジはできるのです。ですから、**今自分がやりたいと思うことには思い切ってチャレンジしてみる。**それが一番なのではないでしょうか。

大量の早期退職者を見た体験がキャリア形成を考える契機に

「大手の企業に入れば安心だ」とかいう大企業信仰は、最近ではすっかり弱まっています。

以前は、大企業が早期退職を募るとなれば逐一ニュースにもなっていましたが、今やそれが当たり前なので報道も少なくなってきています。検索してみると普段よく見聞きする企業名がたくさん出てきます。

「45歳定年説」を謳う経営者なども現れ、40代以降のキャリアをどうしたらいいのか、考える人も増えてきており、大副業時代の到来を感じる今日この頃です。

私も新卒で入った百貨店が入社5年目に他の百貨店と経営統合をすることとなり、同じ職場の50代の社員がほとんど早期退職でいなくなるという経験をしました。辞めた50代の社員のクライアント100社分を20代の私が請け負うことになったのです。

入社前からずっと経営状態が悪く、売上も毎年、前年割れをしていることは理解していましたが、財閥の資金力があるし心のどこかで倒産まではしないだろう、大丈夫だろうと高《たか》を括《くく》っていました。

その時は会社が倒産する不安よりも、それよりも昔からずっと百貨店が大好きだったし、百貨店でさまざまな経験を積みたいという意欲があったため、その業界を選ぶリスクを感じながら、あえてその道を選んだのです。

ただ、実際にすぐ隣の席の社員がいなくなるという経験は、想像以上の強烈さがありました。

早期退職をした人たちは、通常よりも多い退職金を得ることができてはいましたが、希望退職とは言われながらも会社に残る術はほぼなく、長年勤めた企業を去る最後がそういう形になったことに無念さを感じた人も多かったと思います。

退職後にパチンコにハマってしまって、退職金を溶かした人がいるだとか、逆に自分が担当していた企業に高い役職を得て再就職した人がいるなど、キャリアを作るということは人それぞれでしたし、「全て自分で道を切り拓いて行かないといけない」ということを本当に実感しました。

これを20代の早い時期に体験することができたのはとてもラッキーだったと思っています。この頃から私は自分自身のキャリア形成について非常に意識するようになったのです。

学生や若い人は、親からアドバイスされることもあると思いますが、親が就活したのは、日本がまだ比較的好景気だった30年も前だったりするので、そのアドバイスが今でも有益かというと疑問です。

ですから、**学生や若い人は、自分の職場など身近なところでリストラや早期退職などの体験がないとリアルな現代の感覚に追いつけない**と思います。

親がアドバイスしてきたら、きちんとその情報の真偽を確かめた方がいいでしょう。いつの時代に得た情報なのか、最近のものであるのかを。

実際に親が体験したことであっても、その経験は古い時代のものであり、もしかすると親個人の価値観の押し付けになっている可能性もあるということも頭において話を聞くといいと思います。

大企業にもスタートアップにも安定なんてない

前述しましたように、私は8000人の大企業から2000人のベンチャー中堅企業、10人のスタートアップ企業、3人のベンチャーキャピタル、そして1人のフリーランスまで幅広く経験しました。

先ほどは大企業だから安定ということはないとお伝えしましたが、スタートアップも同様です。

人数が少なく、とにかくスピードと機動力、生産性に効率化が求められるスタートアップでは能力がないと自分の居場所がどんどんなくなっていきます。

日本では労働基準法があるため、能力がなく活躍していなからといって、いきなり社員をクビにすることはできません。しかし、**求められたことに応えることができない人、居場所がなくなった人のほとんどは退職していく**のです。

そういった人をこれまで何人も見てきました。また、なんとか在籍できていたとしても10年間で給料が1円も上がらないという人もいました。

逆に新卒であっても資質や才能がある人にはチャンスが与えられ、成果を出せばどんどん采配のあるポジションが用意され給料もうなぎ上りになります。

インターンで海外に出張に行き、新規事業の責任者となり、その後20代で会社の役員にまで上り詰めた人もいました。自分で切り拓く意欲と胆力がある人にとっては年功序列というシステムが存在しないことが有利になる環境なのです。

もちろん、ベンチャー企業やスタートアップはリスクがとても大きく、5年後の生存率は15％とも言われています。逆に言えば5年で85％の企業はなくなるのです。大企業であってもベンチャー企業であっても存在そのものがなくなる時代です。

大事なことは会社に依存することなく、自分を中心にして自分の力で生きていくこ

とです。

独立して個人事業主やフリーランスになるのもいいですし、起業家として事業を立ち上げるのもいいでしょう。起業家として事業がうまくいけば投資家という立場に立つこともできるかもしれません。

会社員という雇われる立場をやめ、自分の力で生きていく力を持つことで人生をコントロールする楽しさをさらに味わうことができると思います。

お金を貯めることに意識が偏りすぎると、経験するチャンスを失う

お金というものほど人を翻弄するものはないのではないか、と思うくらいに人はお金に執着するし、逆に恐怖や不安を覚えています。

貯金はどのくらいあったらいいとか、収入の多い仕事を選ばないと幸せになれないとか色々言われていますが、結局のところ、お金は生きるための手段です。

お金があれば生きられる。それはもちろんですが、大事なことはお金を使って自分が何を得たいのか、自己実現するためにはいくら必要なのか、それを真剣に考える必

要があります。

お金に振り回されてはいけません。お金はただストックしていくだけのものではなく、フローの中にある流動的なものであり、循環するものであるという捉え方も重要だと考えています。

お金は入ってきて、そして出ていく。どうやったら入ってくるのか、入ってこさせるために自分は何が提供できるのかを考えましょう。**お金は会社から与えられるものではありません。自分の価値と交換して得るものなのです。**

自分の価値を低く見積もったり、自身の存在を否定したりしていると入ってくるものも入ってきません。

きちんと「この価格でこの価値を提供する」と自分で決めることによって、お金が入ってくる流れをスムーズにすることができます。

お金の流れをせきとめる変なストッパーや壁があるなら取り除くことがとても大事です。

お金が出ていく時は、**お金は出て行ってしまうものと思うのではなく、自分にとって必要な流れであり、意図して出していると思えるくらいの心の状態を保つ**と、理想的なお金の循環が実現していきます。

それには計画力や想定力、リスク回避能力なども必要になりますが、最も重要なのは**自分が心の底からお金を使いたいと思えることが何なのか?**　それを考えて決めることです。

貯金がないことを嘆くのではなく、今自分がやりたいことに使えているのだからそれでいいのだと割り切ることも大事です。経験に投資をしてるのだと。

むしろ、**お金を貯めることに意識が偏り過ぎて経験するチャンスを失うことの方が、よっぽど将来的なリスク**になります。

心からやりたいと思えることに堂々とお金を使いましょう。いつかその経験はきちんとお金となって返ってきます。

アルバイトは自分の適性を知ることができる絶好の機会

私はいわゆる〝お勉強〟はとても苦手です。義務教育もそんなに好きではなかったですし、何のためにやっているのかがわからないことをするのがとても嫌いです。大学生の時も建築を学んでいましたが、特に強く建築家になりたいという夢があったわけではないので、学業に本腰はどうやっても入りませんでした。ただ、暇をしているのはもったいないと思い、アルバイトをたくさんしていました。それも30近くやりました。

大学の講師のアシスタントでは、ただひたすらデータ入力をする仕事をしました。テレフォンアポインターの仕事も知らない人に電話をかけ続けていくだけでした。これらの仕事は本当に苦痛で、その結果、単純作業が向いていないことがわかりました。全くやりがいを見つけられなかったのです。

選挙の時の投票所の出口調査は、人によって全く対応が違うという発見があり、楽しいと感じることができました。

駅前で生理用品のサンプルを配布する仕事では、渡す相手の年齢によってのリアクションの違いを感じたり、中年男性が「娘に渡すから」と言ってもらいにきたり、想定外のことが起きるという体験ができて面白かったです。

居酒屋や商業施設では長期間アルバイトをしたので、年月を重ねることによって構築されていくお客さんや社員との関係性の変化を知ることができました。

年末のクリスマスが近い時期にティファニーでアルバイトした時には、入店する人の雰囲気や服装、挙動や目の動きによって大体その人が、いくらくらいのどのシリーズのアクセサリーを買うかがわかるようになり、観察眼を活かした仕事は「自分には合うかも」と感じることができました。

アルバイトをたくさんやってよかったと思うのは、たくさんの経験を積むことによって自分にとって「楽しい」「面白い」「やりがいがある」「苦手」「苦痛」「好きじゃない」と思うことがどういう仕事、作業なのかがわかったことです。

つまり、**アルバイト経験は自分にとってどういう仕事が楽しいと思えるのか、やり**

がいを感じられるのかを理解し、その後の職業選択に活かすことができるということです。

しかし、これは**若いからできたことではなく、何歳でもできる**と思うのです。

私は40歳の時に高級ホテルの客室清掃のバイトを経験しました。清掃の仕事に興味があり、プロレベルのベッドメイキングができるようになりたいと思って働き始めたのです。

清掃の中でも自分に合う・合わないの仕事があるとわかり、またさらに今後の仕事に生かせる経験を積むことができました。**頭で考えるより、経験を積む方がずっと自分を理解して動かしやすくなる**と実感しています。

何をやったらいいかわからないという人は、アルバイトでも何でもいいからやってみることをおすすめします。

社会における働き方の変化を「自分ごと」と捉えていくことが重要

終身雇用が当たり前ではなくなってきた今、40代以上の会社員はとてもリスクの高い環境に置かれています。

昔は早期退職募集も50代以上が一般的でしたが、年々引き下がってきています。最近では、**40歳以上の希望者を早期退職させて、退職した元社員を個人事業主とみなし、雇用契約ではなく業務委託契約で元社員に仕事を依頼する企業も出てきている**のです。

こうした**社会の流れを「誰かの話」と思うのではなく、「自分ごと」と捉えていくことがとても重要**です。そういう時がいつ何時きても対応できるように早いうちから準備するのとしないとでは大違いです。

私は38歳の時に独立しました。まずは試しにやってみようという実験感覚でしたが、実際にやってみると、会社員とは全然違うことに最初はとても困惑したことを覚えています。

税金や保険の支払いから請求書を送って入金してもらうこと、契約書の交わし方まで誰も教えてくれません。全て自分の力で学び取ることが必要になります。

それに加えて自分自身が何を提供するのか、サービス開発やプレゼンテーションに営業も行わなければいけません。

事業会社の中で仕事をするのと、外部から関わる形の業務委託でする仕事では必要なスキルがまた変わってきます。事業会社の中で得られるスキルだけでは太刀打ちできないことも出てきます。

税金や契約関連、確定申告などのオペレーション的な作業は勉強して実践していくうちに何とかなってきます。

独立した場合、人とのつながりが特に大事

独立した場合、特に重要なことが2つあります。以下の2つに関しては一朝一夕では得られないものです。

1　能力やスキル

2　人とのつながり

1つ目の能力やスキルに関しては、**長年会社に雇われていると会社が必要とするも**

のを提供できればいい状態になってしまい、スキル研鑽をせずに過ごしてしまう人もいます。

限られた能力では独立しても市場で戦うことはできません。**他の人にはない自分だけの技術や手法などを開発し、それを強みとして希少性を持って売り込める状態にまでする必要がある**のです。

私の場合は独立してからコンサル業を始めたので、情報を汲み取る力や状況を察する力、客観的な視点で伝える力など、事業会社にいた時にはつけられなかったスキルを独立してから徐々に鍛えてきました。

事業会社でのベースのスキルがあったので追加のスキル習得に力を入れられましたが、ベースの力がなかったら、なかなかしんどかったと思います。

2つ目の人とのつながりは、いわゆる人脈と呼ばれるものです。

これは特に大事だと考えます。というのも**人とのつながりが仕事を得る上で最も効率的で収入も高く得られる**からです。

今はクラウドワークス、ランサーズ、ココナラなどのクラウドソーシングやスキルシェアといったサービスがありますが、結局同じようなことをできる人が集まると価格競争となります。

そこで**見知らぬ人から安価に仕事を引き受けるよりも、もっと自分のことを知った信頼を寄せてくれる人から適正な価格で仕事を請け負えるようになった方が気持ちよく仕事ができる**のです。

独立した場合、**自分のスキルが売れるものになっているようにするためには、今後どうしたらいいのか？　そして、自分を売り出そうと思った時に助けてくれる人が周りにいる環境を作るにはどうしたらいいのか？**　この2つを考えながら行動していきましょう。

会社員時代と比較すると、働く時間は8分の1、所得は2倍に

現在、私は週に5時間しか働かない生活をしています。正確に言うと、クライアントから依頼を受けて自分の時間を提供している時間が5時間です。

それ以外は自分の運営しているコミュニティのことや、本を執筆したり、趣味の掃除を生かした家事代行をしに行ったりと、自分がやりたくて自然とお金になることをしています。

会社員時代と比較すると、働く時間は8分の1となり、所得は2倍となりました。

空いた時間は散歩をしたり、友人と話をしたり、スポーツをしたり料理をする時間にしています。旅行にも月に1～2回は行き、ワーケーションをしたり、純粋な旅として食や自然を堪能したり、人との交流を楽しんだりしています。

仕事内容を効率的なものにすることで、幸せの時間を確保する

仕事は何のためにするのかについて考えたことがあるでしょうか？

私ならば、**自分の幸せのために仕事をする**と答えます。

幸せの定義は人それぞれですが、私は**仕事内容を効率的なものにすることで、幸せの時間を確保できる**ようになりました。

私にとって、次はどこに旅行に行こうか、誰とご飯を食べに行こうか、そんなこと

を考えることが幸せなのです。

空いた時間で「次にどんな仕事をしようか」と考える時間すらも幸せだと思えます。

「自分がどういう状態だと幸せなのか」を知るようになると、「その幸せに準じた働き方や内容がどういうものなのか」を考えるようにもなりました。

例えば「どんなクライアントだと自分が関わる意義が感じられるのか？」とか、「どういうコミュニケーションの取り方をするとお互いに幸せなのか？」を常に考えています。

また、「自分が不幸になることをしないように」ということにも意識を払っています。ですので「このクライアントとは幸せになれないな……」と思ったら、ご縁がないと思って自分からすぐにサヨナラするようにしています。

幸せのためには我慢はしたくはありません。


日本人は自分の幸せが何であるのかを口にすることが、とても苦手だと言われています。

欧米では仕事は休むためにするものだと言われていますが、日本では仕事をするために休むという考え方の人が多いようです。

日本人は「仕事があるから休めない」と言い、欧米人は「バケーションがあるから仕事はしない」と基本的な休みに対しての考えが全く異なります。

これはどちらがいいとか悪いとかではありません。

しかしながら、仕事の満足度も幸福度も世界の中で圧倒的に日本人は低いのです。先進国の中では最下位レベルです。

第2章

仕事に困る人の特徴

仕事に困るって、どういうこと？

仕事に困るというのは、状態として以下の２つに分けることができます。

仕事に困る状態

１　仕事をしている過程において課題がある状態

２　仕事を選ぶ際に課題がある状態

仕事をしていると必ず何らかの問題に向き合うことになります。人間関係の問題や自分の知識や能力不足、会社の環境などあらゆる場面で問題は降りかかってきます。

仕事をしている過程においての課題がある状態のまま仕事を続けると、いずれはその仕事を続けることが困難になり、会社を辞めることを考え始めます。

課題を解決していないと、会社を辞めた後、次の仕事を選ぶ際にも大きな問題を抱えることになります。

この章では、仕事に困る人の特徴と、仕事に困る人が陥りやすい状況を解説していきたいと思います。

仕事に困る人の特徴① 仕事を楽しんでいない

仕事を楽しくやりたいという気持ちがあれば、何か課題があった時にも「どうやったらこの仕事を楽しくすることができるか？」という問いを自分で立てて改善策を実行することができます。

そもそも「仕事をすること＝楽しいことではない」という考えからスタートした人が仕事を楽しいと思える状態になるのはなかなか難しいことです。

仕事をやらされているとか、日々ただただ流されていると感じる人は今の状況を改めて見直してみることにしましょう。

状況を変えるためのチャレンジをしていない可能性があります。チャレンジをしてもすぐに結果は出ないかもしれません。

＊今、仕事で何かにチャレンジしていますか？
＊チャレンジしてワクワクする時はどんな時ですか？
＊自分が楽しくなる時に共通していることは何ですか？

例え失敗したとしても、チャレンジしたことが自分の経験として蓄積され、それを繰り返すうちに成功に近いやり方を身につけられるでしょう。

チャレンジしたという事実が自分自身の心を支え、継続するうちに結果がついてきた時、仕事が「楽しくない」から「楽しい」に変化していくはずです。

仕事に困る人の特徴 ②　評価されていないと感じている

サラリーマンなど雇用されている方は期末などに評価をされていると思います。
例えば、自分では頑張ったつもりなのに、蓋を開けてみたら評価が低かった。どうしてその評価を受けたのかを納得できない状態のままだと、自分が今後何をどう頑張ったらいいのかわからず、フラストレーションを抱えたまま仕事を行う状態が続くことになります。

そのような状態が長く続き、30代、40代と改善せずに過ごし続けると、「自分はこういう人だから仕方ない」と自分を変えることを諦めてしまうことになります。

自分に対しての評価が低い場合は、とにかくマネージャーや自分を監督する人に自分が納得できるまで聞いてみることです。

＊なぜ評価が低いのか？
＊どうしたら評価を高くすることができるのか？
＊そのために明日から自分は何をしたらいいと思うのか？

マネージャーの仕事はあなたの能力を活かして成果を出すことです。もし、マネージャーが以上の問いに答えられない場合は、あなたをマネジメントするという仕事を放棄していることになります。

他に頼れる存在がいればその人に相談してみましょう。案外近くの人はあなたの仕事姿を見てくれているはずです。

コラム その1

私ががむしゃらに仕事をしていた頃のエピソードです。手がけていた仕事で大きな目標数値を達成し、期末にはいい評価をもらえると思っていたところ、期の途中でその目標値がさらに大きく上に設定されてしまい、結果、達成することができないということに……。とても落胆したのですが、納得ができなかったので、上司にその理由を聞くことにしました。その後、上司の上司まで巻き込んでの話し合いにまで発展しましたが、納得できる答えは得ることができず、結局、私は他の部署に飛ばされることになってしまいました。

これだけだと悔しい話のようですが、私は逆にスッキリしました。なぜならば自分の思っていることを思い切りぶつけることができたからです。

もし、あの時に質問をせずにダンマリを決めて低い評価だけをされていたら、ずっと抱えながら過ごしていたことでしょう。納得ができなかったことを言って、上司とトコトンぶつかることができた事実。**自分で動いて思ったことを全部言ったという事実**が、「そういうことなんだ……」と割り切り、「次の部署で頑張ろう!」という気持ちを切り替えさせるエネルギーになったのです。抱えこまず、出す。これって結構大事です。まぁ、結局飛ばされた部署でも私は成果を出せず、上司に「会社を辞めろ」と言われたことをオチとして書いておきます（笑）。人生って色々あるからおもしろい!

仕事に困る人の特徴③ 合わないところにいる

自分がしている仕事がなんかしっくり来ないと感じているのに、そのままの状況の人も仕事に困りがちです。

あらゆる人がしっくり来る仕事に就けるかと言ったら、必ずしもそうではないと言えるでしょう。

しかし、**少しでも自分に合うところで働きたいという意欲があるのであれば、その**

自分の状況を変える努力をすることが大事です。**「そんなもんだ」とそこで諦めてしまったら、その先もずっと「そんなもんだ病」が続くことになる**でしょう。

何か合わなくてムズムズする感覚が既にあるのであれば、それは大事なアラートなので見過ごさないで次のことを書き出してみましょう。

＊何が合わないと感じているのか？
＊それはどうやったら合うようにできるのか？
＊今の場所ではなく、どこになら合うものがあると思うのか？

この問いに答えるだけで、今の場所にい続けるべきなのか、違うところに行くべきなのか答えが見えてくるかもしれません。

昔は「仕事は最低でも3年は続けないとダメな奴だ」と思われるというような話がありましたが、**本当に心がしんどかったり、体に異変が現れていたら即刻対処して違うところに行く方がいい**と思います。

また、転職を続けていると採用に不利になるのでは？　と心配する人もいますが、私の友人はこれまで9回転職をして、それでも楽しそうに生きています。

転職を繰り返す度に転職のコツを掴んでるんじゃないかと勘ぐりたくなります。もちろん経験を重ねているからこそできることをアピールしているのだとも思います。

自分の居心地のいい場所を見つけて動ける力があれば何とでもなる。そのくらいの気持ちで生きていきましょう。

仕事に困る人の特徴④　不安の沼にどっぷりハマっている

仕事に困る人に話を聞いてみると共通していることが見えてきます。

それはズバリ不安の沼にどっぷりとハマって抜け出すことができないまま、ずぶずぶと溺れかけているということ。この不安の沼はかなり手強くて一度溺れるとなかなか逃げ出すことができないようです。

では一体、不安とは何なのでしょうか。

オーストリアの心理学者アドラーは仕事や対人関係のように生きていくにあたって

避けることができない課題を「人生の課題」と定義しました。

不安はこの人生の課題から逃がれるために作り出される感情であるといいます。**不安の目的は人生の課題から逃れること**なのです。


また、**不安は一度逃げるとさらに強化される**と言われています。

例えば、一度挑戦したけど失敗した時に感じた敗北感をもう二度と味わいたくないと思った場合、不安を感じることで、逃げる言い訳を感情が作り出しているのです。いわば不安は逃げる時の仲間なのです。言い訳をし続けているとさらに不安は増していき、気づけば体や心を蝕むようになります。

この時に、戦うことを選べば、不安とはさよならできますが、逃げることを選んだ場合、不安はさらに大きくなってずっと後ろをついてきます。

今、何に不安を感じているのかを明確し、それをなくすために何をしたらいいのか考えるのです。行動あるのみです。

仕事に困る人の特徴⑤ カバンがパンパン

カバンがパンパンな人を数多く見かけます。そういう人に遭遇すると「いや、もうどう考えたって、この人絶対に仕事に困るでしょ……」と心の中でつぶやいてしまいます。

意図せずにカバンがパンパンということは、頭の中までもパンパンで整理ができていない状態です。

こういう人がどうしてそうなったのかを考えてみます。よくカバンの中に入れてしまいがちなのは、

＊何か聞かれた時にないと困るからと入れているたくさんの資料
＊空いた時間で読もうと思ってずっと入れっぱなしになっている本
＊携帯の充電が切れたら困るからと持っているポータブル充電器
＊大量のポイントカードとレシートで溢れた財布

共通しているのは備えておきたい心理が働いて、何かあった時に対応できるよう所持しているものです。そして備えておきたいのは不安がそこにあるからです。

自分自身でいつ何をどうするかを決めておらず、やみくもに不安を感じているからその不安をモノで埋めようとして所持することで安心を得ようとするのです。

たくさんの資料を持っていても、聞かれた時にすぐ出せて使用できなければ意味がないです。

たくさん持つよりも、先にクライアントの意向を汲んだ上で想定してプレゼン資料の中に入れておけば済む話ですよね。

空いた時間に読もうと思って入れっぱなしになっている本もいつ読むかを決めて集中して読んでしまえば、いつも持ち歩く必要性はありません。

常に次のように自分に問いかけましょう。

＊それは今日必要ですか？
＊それは使いやすい状態になっていますか？

仕事に困る人の特徴⑥ 素直じゃない

話している時に言われたことに対して「でも」と返してくる人がいたら、要注意アラート発動です。

本人は自分が「でも」なんて言ってることなんて全く認識していないと思います。

自分の中から「でも」が自然と出てくるのを認識できるのであれば、人の意見の取り扱い方やコントロールがうまくできていないということです。

議論する場所であれば「でも、こういうこともあるよね」と自分の意見を表明するのは素晴らしいことだと思います。

そうではなく、相手の発言に対して、相槌《あいづち》のように「でも」で返すのは相手の意見を否定している、受け取らない意思としての「でも」になってしまいます。

謙虚さが大事であると言いたいのではありません。

これは、**人の話を素直に聴いて、どれだけ自分流に咀嚼《そしゃく》できるか、素直さが自分の幅をどれだけ広げてくれるか**という話なのです。

素直の反対語は「頑な、ひねくれ、意地っ張り、意固地、強情」などです。「でも」が日常のコミュニケーションで基本ワードになっている人は、心の中の頑固さが言葉になって現れている可能性があります。次のことを常に心がけてください。

＊人の話に一旦は素直に耳を傾ける
＊自分の意見を表明したり、反論する以外は「でも」は言わない

仕事に困る人の特徴⑦
相談できない

コロナ禍の影響もあり、仕事のスタイルも大きく変わりました。

リモートワークが中心で週に一度も会社に行かない、半期に一度の全社集会でしか会社に行かない、なんて人も現れる時代になりました。

これまでの会社に行って同僚、上司、部下と会うという状況とは打って変わり、会うのはパソコンの画面上。SlackやZoomでのコミュニケーションが中心となっている人にとっては、気軽に相談がするのが難しい世の中になっています。

しかし、そうした状況に置かれなくても、そもそも相談すること自体が苦手な人が一定数います。そういう相談できない人が感じていることは次のようです。

＊誰にどう相談したらいいかわからない
＊そもそも相談を誰かにした経験がない
＊相談自体が怖いことのように感じる

最後の相談自体が怖いことのように感じるというのは、背景に心理的安全性の低さが影響している場合もあります。

心理的安全性の低い環境にいる人には次の４つの不安が存在します。

＊無知だと思われる不安
＊無能だと思われる不安
＊邪魔をしていると思われる不安
＊ネガティブだと思われる不安

自分が無知で無能と思われるのではという不安はわかります。しかし、先に述べたように不安というのは逃げれば逃げるほど大きくなっていく存在です。

相談できないと決めているのは自分です。悩みを解決するために人の力が必要と感じているのであれば、恐れずに相談する勇気を持ちましょう。

それでも難しいという方に、朗報です。日本にはとてもいい言葉があるんです。

旅の恥はかき捨て

旅先では知っている人もいないから、どんなに恥ずかしいことをしてもその場限りのものです。

恥ずかしいと思っても**会社の中の人との付き合いは一生ではありません。仕事も人生という大きな旅の中で訪れる旅先のひとつと捉えてみる**のはどうでしょう。

一定の期間のお付き合いと割り切り、思い切って相談してみると自分では思いもしなかった方向にいくことができたり、成長に大きくつなげることができるのです。

仕事に困る人の特徴⑧ できないこと、わからないことが言えない

仕事に困る人の中でも特に多いのはこの「できないこと、わからないことが言えない」でしょう。

相談できないという悩みとも近いですが、**明らかに能力的にできないとか、知識量や経験がなくてわからないという場合、そのできていない自分、わからない自分を認めた上で人に頼る**ことが必要です。

中には、自分の能力のなさを露呈するようなことはプライド的に許さないとかなんとか言って押し切る人がいます。結局そういう人の仕事は、できる人と比較してスピードも遅いし、クオリティも低いです。

また、わからないと言えないまま、仕事を放置して塩漬けにする人もいます。

このような人たちは「できません。わかりません」とさっさと観念して勇気を出してほしいです。

素直に経験者の力に頼って、仕事のスピードとクオリティを上げていきましょう。

＊わからないもの、できないことを隠さない
＊わからない、できないなら人の力を借りて、わかる、できるようにする

若いうちに人に自分のできないことやわからないことを聞く能力を育てておかないと、歳を取ってからさらに困ることになるのです。

時代の流れはどんどん変わっていますし、技術も進歩しています。**年齢をいくら重ねていてもわからないものはどんどん山のように積み重なっています。できないことはできない、わからないものはわからない、それは当たり前だし誰にでもある**ことです。

むしろ、**できないことを言える人は勇気のある人と思われ、歓迎される**でしょう。

仕事に困る人の特徴⑨ 失敗をしていない

トライアンドエラーを繰り返すことで、仕事のスキルは上がっていくものです。

仕事の困る人の中には、失敗することを極端に恐れ、チャレンジしないタイプの人

がいます。

ドラマを観ていて、一番盛り上がるシーンってどこだと思いますか？　どのドラマにも共通して言えることは、一番盛り上がるシーンの前には、必ず困難や課題が待ち構えているということです。

恋愛ドラマだと、主人公は意中の人にこっぴどく振られたりしますよね。また、意中の人には恋人がいて、その恋が叶わない状況だったりもします。

医療系ドラマだと、主人公が普段ならありえないミスをしてしまい、患者の命を危機にさらしたとして、危うい立場に立たされたりします。

人は苦労することや失敗する話に最も共感するし、それが好きな生き物なのです。だからこそ、意中の人が主人公に振り向いてくれたシーンとか、主人公が過去を乗り越えて手術を成功させるシーンなどが一番盛り上がるわけです。

何が言いたいかというと、失敗をしていない人なんておもしろくないんです。失敗はドラマがハッピーエンドで終わるためには不可欠な存在であります。

私も失敗をたくさん重ねてきました。

失敗した時はとても悔しいとか、何でできなかったんだろうと落ち込んだりしました。今でもその時の記憶ははっきりと覚えています。けれど、どこかに葬り去るということはしないでおきました。

その失敗から時を経て、現在は人にアドバイスをする仕事をしています。そこでは過去にした失敗エピソードが生きてきます。そうやるとこういう失敗をすることになりますよ、と伝えることができるようになりました。

失敗は糧になると日々実感しています。**失敗を恐れることなく、いつか糧になるかもしれないと思ってチャレンジする**ことが重要です。

仕事に困る人の特徴⑩ 20代に、がむしゃらに仕事をした経験がない

前の章でいつでも何でもできると書きました。何歳であってもチャレンジすることは大事なことだと思っています。けれど、私が感じているのは、人が変わるのにも期限はあるということです。

学生時代を終えて就職してから3年程度は会社でもまだ見習いとして成果が出せなくても多少は大目に見てもらえると思います。養成期間として会社も世の中も優しく教えてくれる時間と言えます。

しかし、働き始めて4年以上経ったらもう一人前の社会人です。成果を出さないとなりません。

20代で大きな成果を出すことは難しいと思いますが、**目の前の課題に向かって真剣に取り組み、周りの人を巻き込んだり、新しいやり方を編み出したり、仲間と切磋琢磨したり、達成に向けて、がむしゃらになることを最も要求されるのは20代**だと思います。

ですから、**20代において、前述したような不安の沼にどっぷりハマったり、相談をしなかったり、わからないことを人に伝えることもできず、失敗もしなかったら、もうその先もずっと同じことをし続ける可能性が高い**のです。

つまり、**がむしゃらにやって、そして掴み取ったものがあると「自分にはできる」という自信や自己効力感が培われ、それがその後の30代、40代で踏ん張るための大き**

なバネになるのです。

歳を取ると周りの見る目も変わってきて、がむしゃらになりにくい環境になります。そんな人の目なんて気にしなくていいじゃん！　と私は思いますが、それを気にせずやれる人というのは、ほんの一握りのような気がします。

何度も言いますが、何歳であってもチャレンジすることは大事です。がむしゃらに目標に突き進んでいる30代、40代は、なおさら素敵に見えます。

ただし、一般論として、年を重ねると気力も体力も20代よりずっと落ちてきて、家庭や子供を持つと時間やお金の自由も持ちにくくなってきます。

ですから、20代の大切な時期に「自分がやれないのは環境のせいだから」と言い訳探しの旅に出るのはかなりもったいないと思います。

とにかく若いうちに経験を積み、バカになるくらいがむしゃらになりましょう。早いうちに自信を作り出すのです。それが自分自身を支えます。

仕事に困る人の特徴⑪ 自分の時間がない

20代のやまと君（仮名）のお悩み相談を受けた時の話です。

やまと君は、自分から積極的に動いてボランティアやNPO、新しいコミュニティを作るなど本業以外にも精力的に活動していました。平日の20時以降と土日は、そういったプライベートでの活動に時間を使い、もう予定はパツパツで、気持ちもいっぱいいっぱいの状態でした。

「全部やりたいことだから、いいんだけどさ」とやまと君は言います。

彼は、本業以外の活動でお金が得られていないことについては納得しつつも、果たしてそこでスキルとして得られるものがあるのだろうかという不安を口にします。また、本業の会社にいるべきか転職するべきか等々、頭の中は考えで溢れかえっている状態でした。

話を聞きながら、一つ一つ絡まっていた紐を解いていく作業を一緒にしていくと、今本当に自分がやりたいことを選択して集中できていないこと、お金を生み出すための工夫ができていないこと、今の会社でやれることはありそうなのに能力を持て余していてチャレンジしていないことなどが浮き彫りになってきました。

今日の感想は？　と聞いて、やまと君から出てきた言葉は「人のためではなくて、もっと自分のための時間を作らないといけないと思った」ということでした。

やりたいことや仕事に時間を使い過ぎて、優先順位を決められず、**何より自分のことを冷静に考える時間を取っていなかった**ことに気づいたのです。

一度始めてしまうと途中で立ち止まったり、やめるということが難しくなることがあります。しかし、**ずっと走り続けるのではなくて、ところどころで立ち止まって今の自分の状態を見直すことはとても重要**です。

週に一度でも、月に一度でもいいです。**自分を見つめる時間を作る**ことを心がけましょう。

第3章

強みを作る要素を見つける

強みを知るということは自分を知ること

あなたの強みは何ですか？　と聞かれて即答できる人って実はそんなにいません。自分の強みを知るには自分と向き合うことになります。自分と向き合うと、自分の弱いところや欠点が気になるのか、すぐに自分の強みを言える人は少ないようです。

ところで、過去に自己分析をやったことがある方で、その後、それを活用できている方はいますか？

自己分析の結果に対して「当たってるかも……」なくらいな認識で、その後ほとんどその存在を忘れて日々の仕事に没頭なんて方も多いのかもしれません。けれど、それは無茶苦茶もったいないことなのです。

自分の強みや弱みを認識して、それを仕事やコミュニケーションの場面で使いこなせるようになると生きやすさが全然違います。

好き・嫌いと同じように、自分の強み・弱みを周囲に理解してもらえると、お互いの凸凹を埋めながら仕事が行えるようになります。

つまり、自分のできないことを周りがやってくれたりと、支え合いの関係性を生みやすくなります。一度その快楽を味わったら抜け出すことができなくなるでしょう。そのくらい自分の強み・弱みを使いこなせることは重要です。

強みとは何か？

そもそも強みとは何かについて、ストレングスファインダー（才能診断ツール）を元に考えてみましょう。

ストレングスファインダーが測定するのは「才能」であり、「強み」ではないと定義されています。

なのに、どうしてストレングス（強み）ファインダーと名付けられているかというと、才能は強みの元となる一要素であり、ストレングスファインダーの最終的な目標がその人の真の強みに気づくことにあるからです。

ストレングスファインダー上で質問をされる際、基本的に1問につき20秒程度しか答える時間がありません。それは最初に浮かんだ本能的な答えの方が、あれこれ考えたものよりも本質（＝才能）を明らかにするからです。

ストレングスファインダーは、本能的に最も強く反応するもの、つまり長期にわたって変化する可能性が低いものを特定しようとします。人は時間とともに変わり、性格も状況に応じて変化しますが、人の核となる性質は成人期を通じて比較的安定していると言われています。

才能を発見して終わりだとそれは強みとは言えません。

強みとは、自分の才能を認識した上で、それに合った様々な努力をし続けることによって生まれてくるものなのです。

自分の才能を認識した上で、自分に投資をすることで得られる成果は、自分の才能を認識しない場合の何倍もの差がつくようになります。

成功している人は、その人が持つ高い才能を起点にしてスキルや知識を身につけ、練習を積んでいます。強みを説明する際には、次のような計算式が成り立ちます。

才能・資質（頻繁に繰り返す思考、感情、行動パターン）
×
投資（練習、スキル開発、知識を身につけるための努力や研鑽）
＝強み（成果を生み出す能力）

これから先は、主に自分の才能や資質を探し出し、強みを作るためのヒントを見つけ出す5つの自己分析を行なっていきます。

強みを作る要素を見つける5つの自己分析

1　自分年表を作る

前章で「自分を見つめる時間を作る」ことの重要性を説明しました。同様に「自分の人生を振り返る」ことはとても有意義なことです。

自分の人生がどんなだったかを、ただ単に思い出してみるのもいいですが、せっかくなら自分年表を作ってみましょう。

自分年表は、生まれてから今までで起きた出来事の間で、自分のモチベーションが上がったところ、下がったところを書き出すものです。自分年表は、ライフラインチャートやモチベーショングラフとも言われ、幸福度や充実度を可視化します。

心理学者のアドラーの有名な説に「人はライフスタイルを10歳くらいまでに自分で決めて完成させる。そして一生使い続ける」というのがあります。

つまり、**気づかなければ、人は10歳までに身につけたライフスタイルを一生使い続けることになるのです。自分年表を作ることは、10歳までに身につけたライフスタイルに気づく手掛かりにもなる**でしょう。

自分年表を書き出したら周囲の人に口頭で説明をしてみます。話すことによって自分自身がその出来事をどう捉えているのかを認識することができます。

そのときのことを思い出して感情が動くこともあると思います。**感情を認識するの**

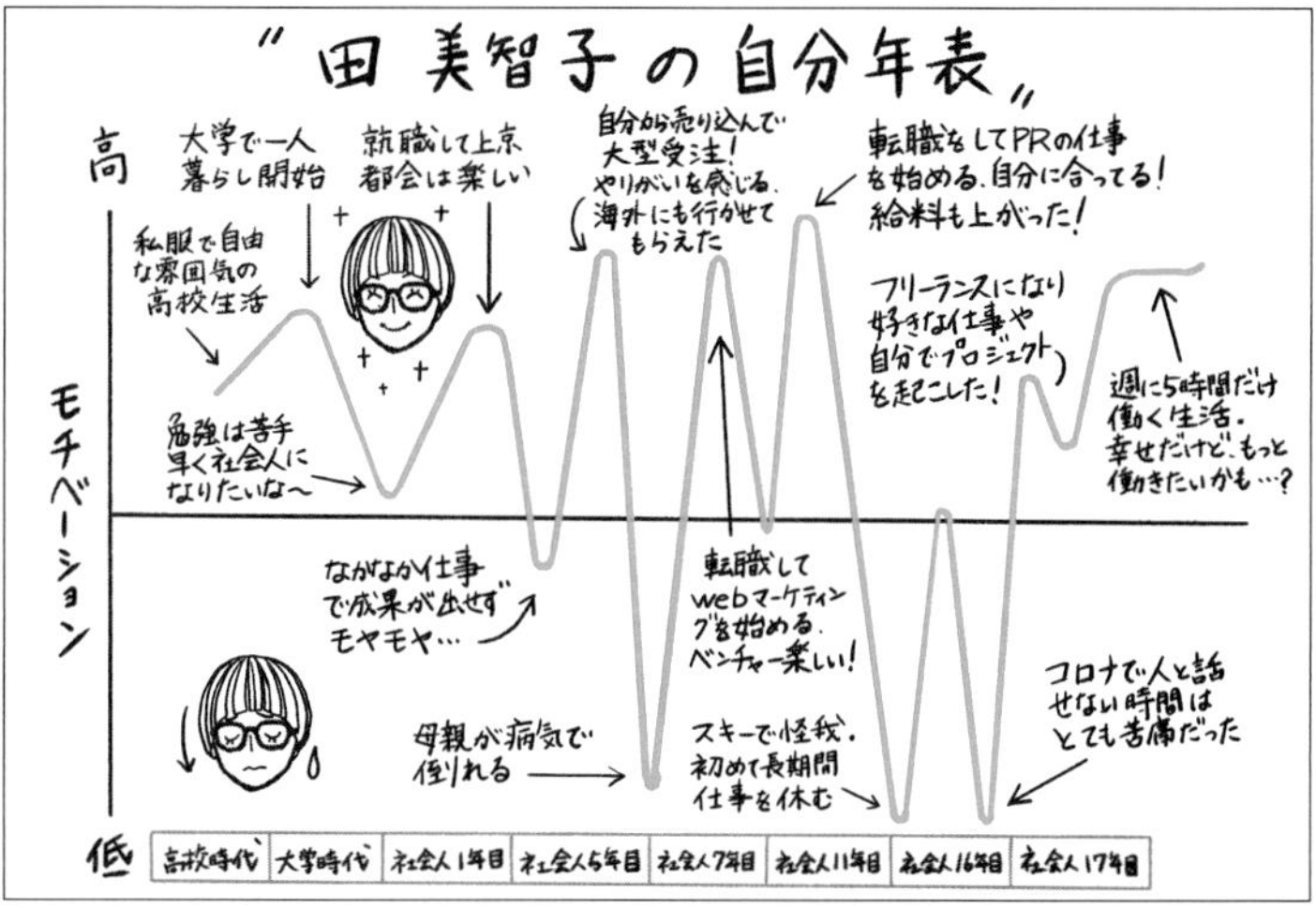
"田美智子の自分年表"
高
低
モチベーション
私服で自由な雰囲気の高校生活
大学で一人暮らし開始
勉強は苦手 早く社会人になりたいな〜
就職して上京 都会は楽しい
なかなか仕事で成果が出せず モヤモヤ…
自分から売り込んで大型受注! やりがいを感じる。海外にも行かせてもらえた
母親が病気で倒れる
転職してwebマーケティングを始める。ベンチャー楽しい!
転職をしてPRの仕事を始める。自分に合ってる! 給料も上がった!
スキーで怪我。初めて長期間仕事を休む
フリーランスになり好きな仕事や自分でプロジェクトを起こした!
コロナで人と話せない時間はとても苦痛だった
週に5時間だけ働く生活。幸せだけど、もっと働きたいかも…?
高校時代
大学時代
社会人1年目
社会人5年目
社会人7年目
社会人11年目
社会人16年目
社会人17年目

もこの自分年表を作る目的の一つです。感情も年表に書き出してみましょう

2　親からの影響や共通点を探す

子どもが親から受ける影響はとても大きいものです。

親がしていたことで自分が影響を受けたと思うことや親と自分の共通点を書き出すことで、あなたの才能や資質に気づくきっかけになるはずです。

例として私の父の話をします。

私の父は電子顕微鏡の技師で営業もして

おり、北海道中の大学を飛び回っていました。出張にも意欲的に出かけていました。20代の若い頃にはアメリカに赴任し、ニューヨークやボストンなどで遊んでいたことをうれしそうに語っていました。思ったことは口にするし、自分のやりたいことに純粋に行動するタイプです。

80年代のアップル初期の頃からマッキントッシュに夢中で、出れば新しいマシンを購入していました。将来的にアップルが大きく成長すると思っていたから購入していたというのです。先見性があったようです（マシンじゃなくて株を買っていれば、なんて無粋なことは言わないつもりですが……）。

何でも自分でやらないと気がすまないタイプで、家を建てるときは自分で設計をし、ビールやソーセージも自宅で手作りしていました。

退職した後は株にハマり、熱心に勉強をし、仲間とグループを作って一緒に楽しんでいます。働いていた時は毎年年収がいくらだったかとか前年より増えたとかそんな話をまだ小さかった私にもしてくれましたし、起業の本も部屋に置いてありました。

私が父から受けた影響や共通点を挙げておきます。

＊どハマりすると、ずっとやり続けるところ
＊自分でやってみないと気がすまないところ
＊自分の興味には素直に行動すること
＊キャリア作りに意識があること
＊将来性のある企業やサービスを見つけることが好きなところ

実際に書き出してみると、あぁ私はこの人の子なんだなぁと思うことばかりです。基本的にはあなたが親から受けたプラス面の影響や共通点で結構です。書き出してみましょう。

あなたが親（父または母もしくはその両方）から受けた影響や共通点
＊
＊
＊
＊

価値観リスト

・成功	・カリスマ	・継続	・安心	・平和	・美
・成果	・真実	・粘り強さ	・誠実	・調和	・柔軟性
・チャレンジ	・効率	・学び	・寛容	・静寂	・ユーモア
・論理性	・リーダーシップ	・健康	・信頼	・冒険	
・理想	・堅実	・お金	・優しさ	・変化	
・自信	・正直	・計画	・家族	・夢	
・勝つ	・努力	・集中	・幸福	・勇気	
・成長	・実行	・安定	・つながり		
・名声	・現実	・感謝	・精神性		
・スピード	・品質	・共感	・思いやり		

3 自分の価値観を言語化する

人それぞれ、その人なりの感じ方があります。子どもたちの遊ぶ声にストレスを感じる人もいれば、癒されると感じる人もいます。感じ方はその人の価値観を無意識に反映しているとも言えます。前者の価値観は「静寂」、後者は「寛容」でしょうか。

こうした日常では意識しているわけではないけど、**自分の中で大事にしたいと思っている価値観が何なのかを改めて認識することで自分が見えてくる**かもしれません。

上の「価値観リスト」を参考に、あなたが大切にしている価値観を言語化していきましょう。

4　フィードバックをもらう

周囲の人に自分がどう見えているかを聞くことにもチャレンジしてみましょう。

フィードバックをもらうと多くの感情が生まれます。

びっくり・うれしい・楽しい・わくわく・ドキドキ・悲しい・怒りなど様々な感情が生まれますが、感情というものは1分1秒変化していきます。

所属組織のメンバー、家族に友人など人から意見をもらうと、感情の捉え方が変わったり、新たな気づきがあったりして、以前に感じた感情が全く別物に生まれ変わったりするのです

時が経ち、経験が重なるとネガティブだった感情がポジティブに捉えられるようになったりもします。フィードバックで生まれた感情がきっかけとなって次に何をすべきかが見えてきます。

自分がその言葉を受けてどう感じているかの感情の整理をして「自分が受け入れたい」「受け入れられる」ものをセレクトしていくと、自分のありたい姿が見えてきてくるでしょう。

聞いてみることは2つだけ。最低5人に聞きましょう。

＊今の私はどう見えていますか？

＊今の私はどうしたらもっとよくなりますか？

やり方は自由です。

＊直接聞いてみる

＊SNSで投げかけてみる

聞くときのポイントとしては**意図と目的を伝える**ことです。

＊自分をもっとよくしていきたいと思っている

＊やりたいことがある

＊叶えたいことがある

＊自分らしく生きていきたい

自分自身について知る機会を作ることによって今後の活動について考えていきます。「力を貸してもらえませんか？」と投げかけると、相手はその意図を汲み取ってフィードバックをしてくれるようになります。

この意見はちょっと違うかなぁ……とか、言い方がなぁ……とか違和感を感じるフィードバックは無理に受け入れなくても構いません。違和感を感じるって大事なんですよね。苦手なものは「手放す」ということも学べます。

フィードバックで気づきを得た時に、新たな感情や意思がむくむくっと沸き上がってくるはずです。意識が全集中している時なので、やりたいことを見つけ、そして行動に起こす大チャンスです。

人の脳は一瞬で記憶を消し去るものなので、その意識が全集中したタイミングですぐに湧き上がってきた感情や意思を記録してください。

私も実際にフィードバックをもらった時に「何を感じたか？　その理由」「次に何をするのか？」をノートに書き留めていました。書いておくと後から振り返る時にも役立ちます。

5　偏愛マップを作る

自分の好きなものを書き出してみる**偏愛マップは今の自分を知る上ではとても楽しくできる方法**なのでおすすめです。

やり方は簡単。紙の真ん中に自分の名前を書きます。あとは自分が「好き」と感じているものをただひたすら書き出していくだけです。

好きな音楽・歌手・お笑い芸人・俳優・スポーツ選手・趣味・好きな場所・ついつい買ってしまうもの・集めているもの・部屋の好み・ゲーム・食べ物・ファッション・文房具……など本当に何でもいいのです。

最初はバラバラしてしまうかもしれませんが、書いているうちに同じジャンルのものが見えてくると思うので、書き直して一つにまとめてみるといいでしょう。

家族や友人にもやってもらって、互いの意見を交換してみることで新たな相手の一面を知ったり、自分自身を知ってもらうきっかけとなります。

気づきを得たら、またそれも自分のシートに書き込むと自分が好きなものがどんどんクリアに見える状態になっていきます。

1〜5の複数の自己分析をしてみて共通して出てきたものはあったでしょうか。出てきた自分の才能や資質、行動のクセなど書いて整理してみましょう。それらはあなたの強みを作る要素です。

第4章

思考と環境を整理する

不要なものは捨ててしまっていい

冷蔵庫の中を想像してください。賞味期限切れの調味料や腐りかけの野菜、食べ残しのスナック類や購入してから半年以上が経過した冷凍食品……。食べられないものは捨てて、今日食べるものと1ヶ月以内に食べるものだけにしてみたらどうでしょう。冷蔵庫の中はスッキリして、整理もしやすくなります。

頭の中も一緒です。不要なものは捨ててしまって今必要なものだけにするのです。

前章で行った自己分析において、思い込みやバイアス（93頁参照）によって、強みを作る要素となる才能や資質が見つかりにくかった可能性があります。思考の整理をして自分の思いを吐き出しやすくしましょう。

この章では頭の中の無駄なものを見つけ、それをどんどん削ぎ落としていきたいと思います。

やらなくてOKリストを作る

「は〜、今日もやろうと思っていたことができなかった……」と不完全燃焼感を感じることはありませんか？

日々やることがいっぱいで時間も心も余裕がない。そんな状態で未来のことを考えても、つい今日の残りのタスクが気になったり、明日の朝一の資料を作らなきゃと思ったりして集中することができないでしょう。

自分の中でこれはやらなきゃと思い込んでいるだけかもしれません。改めて今やっていることを見直してみたら、意外とやらなくていいことが多いものです。

毎日のタスクやルーティンの片付けをしてみましょう。ポイントは次の通りです。

＊過去に固執しない
＊ひとりでやろうとしない
＊嫌なことをしない

私のやらなくてOKリストを挙げておきます。

*人からの連絡に必ずしも返信しなくてもいい
*待ち合わせに遅刻してもいい
*SNSで合わない人はフォローを外してもいい
*お金を使うことを悪いことと思わなくていい
*完璧にしようと思わなくていい
*流行りの服を着なくていい
*みんなと同じことをしなくていい
*あきらめることに罪悪感を感じなくていい
*ダメでも落ち込まなくていい
*仕事はまじめにやらなきゃって思わなくていい

書き出してみると、何かとてもダメな人な感じがするし、人によっては非常識！

と思うかもしれません。けれど、自分としてはとても過ごしやすくて、やらないことを決めてほんとよかったなぁと感じています。

その理由を書いていきます。

「人からの連絡に必ずしも返信しなくてもいい」ですが、以前は「貴殿とは面識がございませんが、○○さんを紹介してほしい」というような関係性のない人から紹介依頼などのメッセージをもらっても丁寧に返信していました。

しかし、最近ではそうやって自分の人脈を利用しようとする人とは付き合う必要なしと決めて返信するのをやめました。無駄なエネルギーは使わないことにしたのです。それで自分の評判が悪くなったら……なんて考えません。関係性のある人にはもちろん返信します。

「待ち合わせに遅刻してもいい」ですが、私は時間ぴったりに行くというのがとても苦手です。基本的に5分は遅刻します。昔はちゃんとやれていたのですが、最近はとにかくできません。ですので、クライアントにも「私は5分遅れる人なのでそこのところをご理解ください」と先に伝えてみたり、友人にも「何分遅れるから飲んでて〜」と必ずメッセージします。「遅れる人ブランド」を着実に築いていて少しずつ浸透させて、「そういう人なんだ」って思ってもらうと楽に生きれます。
自分スタイルで生きるのは心も体も軽やかな感じでよいですよ。
あなたのやらなくてOKリストを書き出してみましょう。

あなたのやらなくてOKリスト

＊
＊
＊
＊

苦手な人や嫌だと思う人との関わりを減らす

人との縁を切るなんて……と思う人もいるかもしれませんが、人の悩みはほとんど人間関係なのです。
人は人がいないと生きていけないと言いますが、逆に人は人がいるから生きづらくもなります。自分が苦手だなとか、どうにも合わないと思う人との関係は切ってもいいと思います。選択肢は自分にあると意識しましょう。

昔からの友人となんか合わなくなってきたなと感じている人もいるでしょう。それはごく自然なことです。環境もライフステージも変わって、自分自身が成長している証拠でもあると思います。

話のレベルが違うなと思ったり、物足りなさを感じたりしていたら、それは付き合う人を変える時というアラートが出ているのだと思います。

人と距離を置く簡単な方法としては、

＊返信しない
＊反応しない
＊意見を言わない

など、**相手に対してのリアクションを自分がストップする**ことです。自分から何もしなければ相手も反応のしようがなくなり、こちらに対して興味関心が薄れ、自然と他者に意識がむくでしょう。時が経てば存在すら忘れてもらえると思います。
反応しないということも反応の一つなのです。選択肢として持っておきましょう。
これはＳＮＳでも有効です。自分に相手の投稿が見えないようにミュート設定にしたり、自分の投稿を相手に見えないように設定します。目に入らなくなると自然とその存在を忘れるものです。大丈夫。勇気を持ってミュートしましょう。時にはブロックでもいいと思います。

仕事の場合も同様で、やりとりしたくない、会話をしたくない、精神的に辛いなどという感情が芽生える方と頻繁にコミュニケーションせざるをえない環境にいる場合はすぐに人事や上司に相談して居場所を変えましょう。

どうしても関わらなければならない場合は、第三者に入ってもらって相手が何をどう考えて行動しているのかを聞く機会を設けるのも一つの手段です。相手の意外な意図や目的を知って自分の捉え方を変えることができるかもしれません。聞いても納得できない場合は、そういうものなんだと割り切って次の手段を考えるといいでしょう。

心に負担がかかる人間関係は無理して維持するのではなく、きっぱり切り離す勇気を持つことも重要です。古いものを手放すと、新しいものが手に入ります。もっと気の合う心地いい関係を築いていきましょう。

自分にかかっているバイアスを知る

アンコンシャス・バイアスという言葉を聞いたことがあるでしょうか。これは無意識の偏見や根拠のない思い込みのことを言います。バイアスは「色眼鏡」「先入観」といった言葉に置き換えることができるでしょう。

バイアスは「自己防衛心」から生まれます。「脳がストレスを回避するため」に、脳が無意識のうちに、自分にとって都合の良い解釈をすることによって起きています。

自己防衛心は誰にでもあるものなので、**バイアスがあること自体は問題ではなく、自分のバイアスに気づこうとしないことが問題**です。

最近では社員教育活動をする企業も増えてきており、さまざまなものの見方や考え方、多様な価値観を歓迎していくために理解が必要なものとなってきています。

キャリアや人生を考える上でも自分にどんなバイアスがあるかを知ることはとても重要です。望まないバイアスは直したり、捨てて、スッキリ気持ちいい自分を作り出していきましょう。

バイアスの典型的なものに年齢があります。

私は年齢というのはただの数字だと思っています。生まれてからどのくらいの時が経っているのか、ただそれをカウントしているだけの数字です。

だから「30歳までに結婚しなきゃ」とか、「その年でチャレンジするなんて無謀だ」とか、「若いのに凄い」とか、年齢にわざわざ意味や理由をつけたりする必要があるの？と思います。

「年長者を敬いましょう」という考えも尊重はしますが、必ずしも必要なこととは思いません。年長者でもこの人は敬えないなぁと思ってしまう人もいます。私は相手が年上でも年下でも気が合えばみんなタメ口だし、ニックネームで呼び合います。

私は年齢関係なく皆んなに「でんちゃん」って呼ばれたい。だから自己紹介の時には年齢に関係なく「でんちゃんって呼んでください」と伝えるようにしています。

年齢を重ねることによって体の機能が衰えたり、脳の活性度が落ちたりしますが、それも人それぞれです。人をまるっとひとくくりにして数字で表現することには無理があると思うし、年齢で人をジャッジすることにナンセンスさを感じます。要は人を年齢で比較することの面白くなさったらないって話です。

学生時代は同じ年齢の人と一緒にいるので同じ年数を重ねてきた同士での優劣を比較したりしてしまうでしょう。けれど、社会に出てしまえば、全く年の違う人たちと仕事をすることになります。重ねた年月ではなく、自分の能力や魅力、強みで勝負ができるのです。ただの年齢という数字が持つ意味はほとんどありません。

私は今41歳ですが、何でも話せる親友は56歳だし、凄く頭いいなぁと思う友人は大学生の21歳。最近できた友人の多くは20代です。行きつけの飲み屋では20代から60代まで幅広い年代の友だちが男女問わず大勢います。年齢を知るのはだいぶ仲良くなってからだし、年齢に興味がないので聞いても忘れることがほとんどです。

数字がどうであれ、いつまでも若々しい気持ちを持って何にでも臆せずにチャレンジしていける人が好きです。自分もそうでありたいと思っています。

「もう若くない」と口にする人は年齢を言い訳にしたいだけなのだと思います。**年齢という数字が与える思い込みは持つ必要はない**のです。**あなたはあなたらしくいればいいし、人に対しても年齢でジャッジするのはやめましょう。**1人の人として尊重する方が対等な関係を築けるし、自分らしさを持って生きられると思います。

妄想を捨て、事実を確認する

人の頭の中は常に考え事を繰り返しています。

例えば「昨日のプレゼン、ああ言えばよかったなぁ。もっと練習もしたらよかった。部長の顔、曇っていたなぁ。できないやつって思われているんじゃないかなぁ。次のプロジェクトからは外されるかも……」なんて具合に、起きたことに関して頭の中でずっと考え続けてしまうことがありますよね。

しかし、この時に考えていることは全て自分の中だけの「妄想」なんですよね。後悔は自分の感情ですが、それ以外のことに関しては自分の中の思考によって作り上げられた勝手な物語が展開されています。そうして自分の中で妄想が繰り広げられていることにも気づかず次のアクションに移ることで大事な機会を失ったり、無駄なエネルギーを使うかもしれません。

大事なことは、自分の中での勝手な妄想や思い込みで物語が進行しそうになっているということにまず気づくことです。

先の例であれば、部長に直接「私のプレゼンはどうでしたか？」と聞くことで部長が考えていることがわかります。それが事実です。

曇った顔をしているように見えていると感じているのは自分の思考によるものなので、実際は「とてもよくできていて素晴らしかったよ。次のプロジェクトは任せてみよう」と考えている可能性だってあるのです。

つまり、**自分の思い込みや妄想は事実ではない余地を残している**のです。そして、**事実は自分で確認できる**のです。

大事なことは勝手に妄想を繰り広げるのではなく、事実を自分で確認しにいくことです。

自分にとって心地よい環境づくりをする

思考と住空間は連動していると私は考えています。

何かうまくいかない、モヤモヤしていると相談をされてくる方のお宅に行くと、だいたい汚れが溜まっていたり、不要なものに囲まれた状態になっています。

私は40代手前にして整理に目覚め、整理収納アドバイザーの資格を取得しました。趣味だった排水口掃除や家事の力をもっと活かしたいと思ったからです。

家事代行サービスに登録して、これまで100軒以上のお宅に訪問してきました。家事代行の経験を通してわかったのが、何かうまくいかない、モヤモヤしていると相談をされてくる方のお宅と、家が散らかり放題の方の共通点です。

家の中が整理されていないお宅の方に話を聞くと、頭の中も整理されておらず、悩みや不安でぐちゃぐちゃであることがわかってきました。

そういう経験から私は**思考を整理しやすい環境を作るためにも部屋に不要なものは**

置かず、今の自分にとって必要で力となるものだけがある状態にすることを目指すようになりました。

ここで誤解されないようお伝えしたいのですが、ものがない状態がベストであるとは言いません。人によってはものに囲まれた状態が自分にとって最も落ち着いてチャレンジしたくなる環境であるという人もいます。**大切なことは自分にとって心地よい環境づくりができているか？　ということ**です。

ものと向き合い、整理する上で大事なことは
＊使用の有無→使う予定があるか？
＊必要性の有無→自分にとって必要か？

使えないものや持っている必要性のないものはすぐに処分をしましょう。

けれど、いざ捨てるぞ！　と思って作業を始めても、捨てられない自分がいることに気づくことになります。ここでは捨てられないものについての理解を深めましょう。

人が捨てられない、手放せないと思うものには心理的な要因が働いている可能性があります。

捨てられない、手放せない心理的な要因

＊思い入れ：大好きなもの、思い出のもの、大切にしていたもの
＊しがらみ：人からもらったもの
＊しつけ：捨てるのはもったいないことと教育された
＊迷信：お守り、風水のもの、ぬいぐるみや人形
＊お金：高い対価を自分で払った
＊状態：割れてない、まだ使える、小さいから捨てなくていい
＊情報：捨て方がわからない

中でも思い入れのあるものや人からもらったものなどは特に捨てにくい傾向がありま す。お守りとかもバチが当たりそうでゴミ箱に捨てにくいですよね。けれど、バチが当たるというのも前述した妄想の一つだと思っているので、私は最近ではそういうものも「ありがとうございました」と言ってゴミ箱に捨てています（今のところバチは当たってないようです）。

片付けを進めるときは、まずは現在使っていなくて、必要のないものから処分していきましょう。

使うかも？　と思うものは別のボックスに入れて半年など期限を決めてその期間に使用しなかった場合は処分するなどのルール設定をするといいでしょう。

子どもの書いた絵なども捨てられない方も多いのですが、今後さらに増えていくことを考えると写真に納めるなどして違う形での保存方法を検討しましょう。

捨てることや手放すことに慣れていくとそれが快楽に感じられていくようになります。

片付けの作業をクライアントと一緒にしていると、始めた時には「捨てない」を連発していたとしても捨て慣れてくると「これ、いらない」が増えてくるのです。最初は「捨てない」と言ったものが「やっぱり、捨てる」ものに変わることはしょっちゅうです。

私はそれを「捨てハイ」と呼んでいます。捨てハイモードに突入したクライアントは凄いです。ボンボコ捨てていき、その表情はとにかく気持ちよさそうでいい顔をしています。捨てハイ、ぜひいろんな方に体験して欲しいと思っています。

好きなものを見つめ直す

不要なものがなくなったら、好きなものを見定めましょう。

洋服の話をしましょう。見ているだけでもうれしいし、着て歩いていると気分がウキウキする。そんな服は一軍です。着心地が良くて自分のスタイルにフィットしていたり、機能性が抜群で使い勝手がいい、それも一軍。

特にうれしくはないけれども、普通に服としての機能はあるというのは二軍。

三軍は、ほつれたり破れていたり、ヨレヨレしていたり、毛玉がいっぱいついていて着ると少し違和感があったり、自信を持って人前に出ることができない服です。

コロナが広がり自宅で過ごす時間が増えた今、一軍の服を持っていないという方もいるかもしれません。洋服が自分に与える影響はとても大きいです。**自分が自信を持っていいと思える洋服を着て、それを他者に評価してもらうことで、自尊心を育む**ことができます。ですから大好きな一軍の服は取っておくのではなく毎日着ましょう。

自信を持って着られない三軍の服を着続けることはやめましょう。洋服には流行り廃りもあります。自分の心がその服から離れた時点で「これまでありがとうね」といってサヨナラしましょう。

また、部屋着や下着は三軍でいいや……と考えるのもちょっと待って。それって人目に映らないからそう決めていませんか？　部屋着や下着もきちんと自分自身が納得していて心地いいものを選びましょう。自分で自分を慈しむことは自分自身の内面の豊かさを育てることにつながります。

ファストファッションもいいのですが、自分がそれを心からいいと思って着ているかどうか、自分とよく話し合ってみましょう。ファストファッションの洋服を買って短期で消耗してしまうより、少し値段が高くても長く着ることで自分に馴染んでくる服の方がコストパフォーマンスも豊かさも勝る場合もあるはずです。必ずしも安さを正義にせず、自分が心からいいと思って心地よく過ごせる服を着ましょう。

自分の中の思い込みや妄想、バイアスを取り払うだけでなく、**住空間を整え、お気に入りの洋服を着たり、いいと思ったものや必要なものだけを周りに置くと、思考が整理され、あなたの才能や資質が明らかになりやすくなる**のです。ぜひ試してみてください。

コラム その2

私は「結婚式には行かない」と決めています。20〜30代の頃は友人や会社の同期の結婚式に出ましたが、結婚式って結婚する2人を祝うためのものでありながら、結婚式場や引き出物などその周辺の企業のためのものでもあり、物凄く商業的です。これは私が百貨店で働いていたからこそ余計に強く感じます。また、そもそも祝いたいとも思っていない自分もいます。そんなに深い仲でない人から人数合わせで招待された時が特にそうです。当時の私には「招待してくれた人の気分を損ねたくない」「私だけ行かないなんて」という気持ちから「断る」という選択肢がなかったのです。

結婚を祝うという目的は、ご祝儀の3万円も出さないでも近所のお店で飲んだり、贈り物をすることで十分果たせます。3万円ってとっても大きい金額です。3万円あればできることがたくさんあります。20代の薄給の頃の3万円分の威力たるや。招待状が来るたびに恐怖。ヘアセットやドレス代、二次会代なども合わせると1回に5万円近くが吹っ飛びました。当時手取り20万円なのに5万円吹っ飛ばしていたって改めて考えると恐ろしい。1ヶ月汗水垂らして働いて得た努力の結晶の25％を、薄～い関係の人々に使っていたのだと思うと本当にバカだったなぁと思います。

とても無粋なことを言いますが、価値ある内容になっている結婚式ってなかなかないと思います。私はイベント企画の仕事もしてきたのでどうしてもコンテンツの面白さに視点が行きがちなのですが、ケーキをあーんと食わせあったり、ブーケトスして幸せのお裾分け～とか、両親への手紙とか毎度同じコンテンツなのでもう飽きました。料理も大して美味くない。もちろんジーンと感動して泣いたことも何度もありますが、お金払ってでも参加したいコンテンツか？　と言われたら今の自分はＮＯ。結婚式の数年後にしれっと離婚する人もとても多いですしね（笑）。

第5章

「なりたい自分」を決める

人生の現実と理想を考える

ここまで自分の資質や好きなもの、経験してきたことを整理してきました。思考のクセや自分にかかっているバイアスを認識し、何が必要で何が必要ないかがわかってきたと思います。

この章からは、自分の強みを見つけていく過程において、自分自身が今の人生にどのくらい満足しているかを認識し、そしてこれからどうしていきたいのかを考えていきます。つまり、「なりたい自分」を決めていくのです。

仕事のことを考える上で人生全体のことを考えるのはとても重要なことです。**時間は誰にでも同じだけ与えられています。その配分を仕事に多く割くのか、それ以外のところに人生の重点を置いていくのかは自分自身で決められる**ことなのです。

まずは理想の状態を思い浮かべます。イメージの設定期間としては1年後、5年後、10年後などの中から自分で決めて大丈夫です。

例えば、あなたが5年後には会社を辞めて独立する目標を持っているとします。今の年収の3倍は稼ぎつつ、労働時間は減らしてプライベートをもっと充実させたいと思っているならば、少々ベタですが、［年収2千万円を達成。月に1度の海外旅行をする身分］になりたい！　でもいいわけです。

その時にどうなっていたら理想的なのか、さまざまな制限や思い込みを全て外して、［なりたい！］と思う状態を書いてみましょう。

あなたの1年後の理想
［　　　　　　　　　　　　］になりたい！
あなたの5年後の理想
［　　　　　　　　　　　　］になりたい！
あなたの10年後の理想
［　　　　　　　　　　　　］になりたい！

「親や友人がこう言っていたから」はダメです。それは親や友人の理想であってあなたの理想ではありません。自分の中でぼんやりとでもずっと思い続けていたことなど、何でも書いてみましょう。

次に、今の状態を点数にしてみましょう。10点満点の理想と比較して現状の満足度を表に書き込みます。理想＝10点満点と思える状態です。

今の状態　10点満点中［　　　］点

仕事で得られるものを理解する

一生、仕事に困らない状態になるためには、仕事に対してどう向き合うかを考える必要があります。

なぜならば、**自分のスタンスを決めずに安易に仕事を決めることによって自分が会社や仕事のしもべになってしまいます。そうなると次の仕事を選択する余地もなくなり、その先も仕事に困るばかりになる**からです。

そうではなく、**自分が仕事によって得られるものを見定めることによって仕事の選**

び方や向き合い方が定まるのです。その結果、自分で人生をコントロールできるようになるでしょう。

いわゆる「マズローの欲求5段階説」を元にすると、まず人間の第1の欲求として生理的欲求があります。食べたい、寝たいなど本能的な欲求が根幹にあり、第2の欲求として安全欲求という安心して健康を維持しながら安全に暮らしたいという願いがあります。

これを仕事に置き換えてみましょう。

一般論として、まずは就職することで人は食べたり寝たりができる安全な場所を確保することが可能になります。就職先の信用を利用することで家を借りることができ、お給料がもらえれば家賃を払えます。つまりは、第2の欲求までを満たすことができます。

しかし、**就職先が社会的信用のない組織だったり、安定的に収入がなく保証のない状態だと、家を借りることすら日本の場合は難しくなってきます。まずは、第1と第**

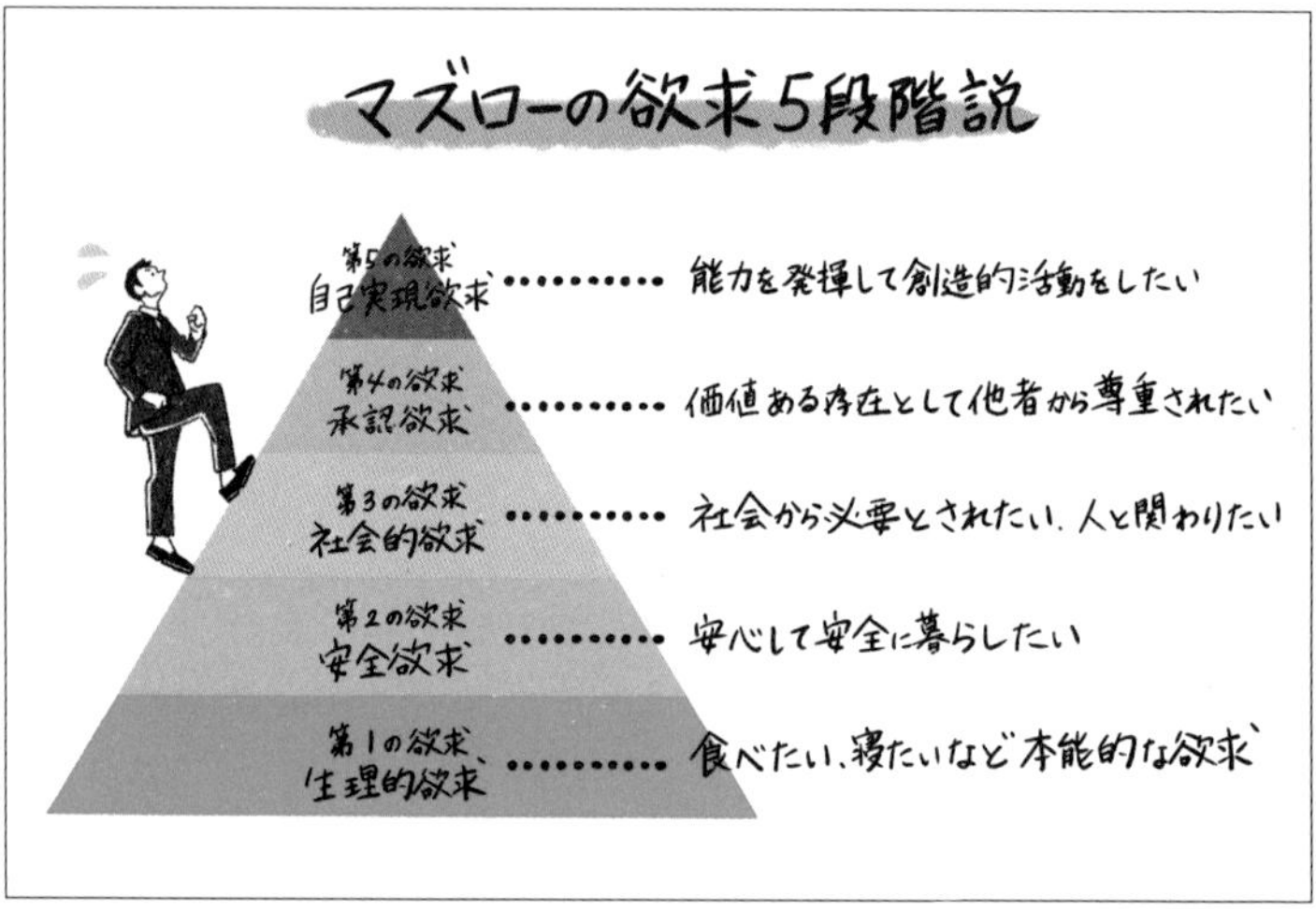

2の欲求を満たせる条件の職を得ることが、仕事に困らない自分のベースを作るには最低限に必要なことになるのです。

第3の欲求は社会から必要とされたいという社会的欲求です。人と関わりたいと感じ始め、コミュニティに属して安心感を得たいという欲求が現れます。

人間は自分ひとりだけで生きていくことを望みません。社会の中の一員として認められ、必要とされる存在であると認識したいのです。ただ会社に所属するだけではなく、上司やクライアント、同僚など周りの人との関係性を深めていくことで心の隙間を満たしていくことが社会的欲求です。

第4の欲求は価値ある存在として他者から尊重されたいという承認欲求です。この辺から個人としての存在を認識されたい欲求になってきます。個人の才能や資質、強みを活かして仕事をして、その存在を認めて欲しくなるのです。もっと自分の能力を認められたい、高い評価が欲しいというのはもちろん、SNSの「いいね！」なども承認欲求です。

承認欲求を満たすためには個人の才能を使うことができる場所を選ぶことが重要です。しかし、働き始めはまずその会社や職場で必要とされる知識やマナー、仕事の仕方を理解し習得することが大切です。それができるようになって初めて才能を使うことができるようになるので、才能を早く使いたい人はいかにその基礎を早く習得するかに集中するのがいいでしょう。

第5の欲求は自己実現欲求です。能力を発揮して創作活動をしたいという欲求です。**他の誰にもできないことを自分が成し遂げたいと思ったり、自分らしくありのままに生きたい**という欲求です。人それぞれに夢があるでしょう。社会的に成功することも大事ですが、自分が思い描く理想的な自己イメージと合ったものを実現することがこの段階では重要になってきます。

自己実現するための考え方の例

私の夢の一つに「寿司職人になって海外でお寿司を提供したい」というものがあります。マズローの欲求5段階説を照らし合わせると、こんな感じになります。

1　生理的欲求
［海外でもぐっすり眠れるベッドで寝て、新鮮な食材で作られた料理を食べたい］

2　安全欲求
［治安の良い地域で安心して生活をしたい］

3　社会的欲求
［外国人の寿司職人コミュニティに入って友だちを作り、仕事に役立つ情報が欲しい］

4　承認欲求
［英会話も寿司の技術も向上してSNSで話題になりたい］

5　自己実現欲求

［様々な国からオファーがかかる人気寿司職人として世界中を飛び回りたい］

あなたに仕事における夢が、どの段階の欲求を欲しているのか書き出してみましょう。

あなたの仕事における夢

1 生理的欲求
「　」

2 安全欲求
「　」

3 社会的欲求
「　」

4 承認欲求
「　」

5 自己実現欲求
「　」

今の自分の不満を明確にする

ここでは、今の自分の不満をぶちまけてみましょう。

自分のこんなところがイヤ！　直したいと思っていることを思いつくだけ書き出してみてください。そして、本当はこうなりたいと思うことを書いてみましょう。

さらに、どうしたらそうなれるかの方法を思いつく限り書いてみて、いつまでにそうなっていたいのかの期限を書いてみましょう。

今の不満→本当はこうなりたい

「　　」→「　　」

「　　」→「　　」

「　　」→「　　」

「　　」→「　　」

「　　」→「　　」

どうしたらなれると思うか？

「　　　　　　　　　　　　　　　　　　　　　　　」
「　　　　　　　　　　　　　　　　　　　　　　　」
「　　　　　　　　　　　　　　　　　　　　　　　」
「　　　　　　　　　　　　　　　　　　　　　　　」
「　　　　　　　　　　　　　　　　　　　　　　　」

いつまでにそうなっていたいかの期限

「　　　」か月後　もしくは「　　　」年後

自分の価値をお金で理解する

サラリーマンをしていると毎月自動的に給料が振り込まれるので、自分の労働の価値がどのくらいの金額なのかということに対して無頓着になりがちです。

あなたの時給はいくらですか？　と聞かれて即答できる人は少ないでしょう。月給30万円の人であれば週5日で1日8時間労働であれば時給は約1700円です。

1年間働いて評価されて月給が1万円増えた場合、時給は１７６１円で61円上がることになります。この金額を多いと思いますか？　少ないと思いますか？

月収や年収で考える脳みそになっていると、この時給単価ってよくわかんないよ！となるのは自然なことかもしれません。

私が20代の時に勤めていた百貨店では給与レンジが明確にあり、30歳を越えないとマネージャー試験が受けられず、それまでは低所得で働くことが決まっていました。どんなに頑張っても若いうちは1年単位の評価で月収３千円とか５千円程度しか上げることができなかったのです。死ぬほど福袋を作ったり、タオルの包装をして1年間汗水垂らしたとしても時給にすると17円しか上がらないのです。

でも、これは予め覚悟していたことでもあります。大企業であっても小売業は利益率が低いので慢性的に低賃金な業界でもあります。それでも、初めからお金を求めて百貨店に入ったわけではないので「そんなもんだろ」くらいに思って粛々とやれる仕事に取り組んでいました。

一方、弁護士の友人は初任給が１５００万円だったり、広告代理店の入社３年目の知り合いは年収600万円でポルシェを買っていたり、あまりの給与の差に焦りを感じることもありました。

その後転職を重ねていくうちに徐々に給与は上がりましたが、いつも優先していたのは自分の好きな軸で仕事を選ぶということでした。

私の軸は新しいものや価値観を提供するサービスです。また、食の分野にもとても興味があったのでそれに関連する企業を選んでいました。

小売業からEC通販、そしてITと利益率が高い業界に少しずつ移行していったわけですが、もちろん給料を上げることに関心はありましたけれど、私の場合は、そういう利益率の高い業界で働くと何が違うのだろうか？　といった環境や会社の空気感に対する好奇心の方が強かったのです。

アナログで生産性の低い企業からITで効率的なビジネスをサービスとして提供する企業で働くと、自分がどんな動きをするのか、どうしても知りたかったのです。

結果的にはIT業界やEC通販のベンチャー企業の文化は、自分の資質にとてもマッチしていました。それまでのお堅い空気感から解き放たれ、思う存分暴れまわるという表現が誇張ではないほどに自由に仕事をさせてもらいました。

年収は多いときは、3年で年収が300万円ほど増えました。自分としてはそれまであまり自分の価値をお金で評価してもらうという経験がなかったので、正直とても驚きました。それは業界を変えたり、大手からスタートアップにチャレンジした自分の行動の成果でもあるのかもしれないとも思います。大企業にいたら昇給限度額は決まっているのでここまで大幅に上げることはできなかったはずです。

社内で評価が得られて高い報酬が提示されるようになった頃、社外から仕事のオファーが舞い込んで来るようになりました。うちの会社に来ませんか、一緒に働きませんか、などのスカウトの連絡が来るようになったのです。自分の能力がいよいよ強みとして発揮されていることが社会に伝わるようになったと思い始めた頃です。

お金がたくさんもらえる業界だから行く、ではなくて行きたい業界に行き、やるこ

とやってお金がたくさん入ってくる人になる、という自分のスキルや経験を中心に考えて動いた方が最終的にどこに行っても稼げる人になれると私は思っています。

時代の変化に沿って「なりたい自分」を変化させる

サラリーマンを16年やった頃、そろそろ雇われるのとは違う働き方をしてみてもいいかなと思い会社員をやめました。それまでずっと自分の考えや仕事で達成したことなどをブログやSNSで公表していたこともあり、人とのつながりも作ることができていたので、フリーランスになると宣言した時には30件近くの仕事のオファーが来ました。

正社員として入った企業はそれまで5社ありましたが、職種としては同じ仕事一筋ではなく、販売から始まり営業をしてwebマーケティング、ライターや店舗マネジメント、メニュー開発にPR、ブランディング、イベントプロデューサーと幅広い仕事をしてきました。

旅や取材にもよく出て、全国各地に知り合いがいたおかげでスカウトの内容は、会社を辞める時にやっていたPRの仕事以外にも「漁師にならないか?」「野菜の販売促進を手伝ってくれないか?」「地域創生しないか?」など多岐にわたっており、そのバラエティの豊かさには笑ってしまいました。

私はPRのスペシャリストであると自分を制限したくはありません。

これまで経験してきたこと全てを使って仕事ができる引き出しの多いジェネラリストとして生きていきたいと思っています。現に友人からはクレイジージェネラリストというあだ名をつけられており、できることは全部やり、多種多様なことに対応するジェネラリスト人材であることに誇りを持っています。

よく何かのスペシャリストや何者かにならないといけないという考えを聞きますが、私はそうは思いません。むしろ、**専門のことしかできないと働く場所や働き方も制限されることがある**と思っています。

できる範囲が狭いと、年齢を重ねたときにも選択肢が狭く、もしその仕事のニーズがなくなった場合、応用がきかず仕事に困る危険性があるのです。

時代はどんどん変化していきます。幅広い経験や知見を持って、その時代に合わせ

ながら生きていけるように自分を変化させながら生きることを意識していくことが大事なのではないでしょうか。

初めから人任せだと正解への道は遠のく

「どうしたら長い人生を楽しんでいけますか？」

「自分のやりたいことに素直に生きるにはどうしたらいいですか？」

「何歳で結婚したらいいと思いますか？」


これらは「はじめに」で紹介した大学生からの質問ですが、絶対の答えはありません。あるとしたら、それは「あなたの中にしかありません」ということだけです。

そうは言っても自分の中にある答えを見つけるためのヒントを人から得ることはできると思います。


私は以前飲食店向けの予約サービスのＰＲを仕事にしていたので、予約の入る飲食店の情報をたくさん持っています。

「予約の取れない」くらい人気のお店もクライアントだったので、そういうところとのつながりがあると知った人が「自分に合うおすすめの店を教えて」と連絡をしてくることがよくありました。

ただ、この質問、とても困るんです。

何故かというと、その人の求めているものや好み、誰と行くのか、希望の場所や時間などのヒアリングができないまま、おすすめしろと言われても、一定水準の情報を教えることはできても相手の希望に完全に叶う形での情報提供は難しいと言えます。

そういう場合、その人の条件に合わずに「違うところにするわ〜」と言われて終わることが多いのです。時間をかけて対応したにもかかわらず、こちらに残されるのはフラストレーションだけになります。

食べログやRettyなどグルメサービスを使えば条件にあった飲食店は出てきますし、『東京カレンダー』や『dancyu』などのグルメ雑誌を見れば最近話題のお店も載っています。インスタでもグルメな人がたくさん積極的に発信しているので、そういう人を自分で見つけて気になる店を保存しておけばいい話です。

こうした経験を踏まえた上で言えることとは、**面倒臭がって調べる手間を惜しんでいたり、自分で決めるということを放棄していたり、自分の好みすら理解してなかったり、何も考えていない人が実に多い**ということです。

初めから人任せだと本当に困るんです。

正解を見つけたいのであれば、まずは自分から動いて見つける労力を惜しまないことが最低条件であると思います。

そもそも他人はあなたにとっての正解を選び出すための情報を持っていないのです。ですから**人からヒントをもらう場合には、自分で自分のことを理解した上で、その情報を相手に提示することが重要であり、それが正解への近道となる**のです。

セルフマネジメントする力をつける

ピーター・ドラッカーの有名な言葉に「まず自分をマネジメントできなければ、他者をマネジメントすることはできない」というものがあります。自分の内面がわかっていない人に組織やチームのマネジメントなどできないとドラッカーは説いているのです。

これは仕事の場面でもそうですし、日常でもセルフマネジメントする力（※）の有無で、自分がなりたい状態に近づく早さは大きく変わると思っています。

ドラッカーの「まず自分をマネジメント」という点に強く共感を覚えます。

私も生きる上で最も重要だと思っていることが、セルフマネジメントする力です。

特に**感情をはじめとした自分の状態をコントロールする力を身につけることで生き方が随分と楽になる**でしょう。

具体的には、**セルフマネジメントする力があれば、人とのコミュニケーションにおいて自分の感情のサジ加減をいくらでも調整できるようになる**のです。私の場合、それができるように、右肩に常に「幽体離脱でんちゃん」を置いています。

ここからの話は例え話とはいえ、ちょっと変ですが、お付き合いください。

幽体離脱でんちゃんは私の心の中までお見通しです。ある日、私は知人と会話をしていました。

知人の発言に「アレ？」と違和感を感じた私。そこで右肩の幽体離脱でんちゃんが話しかけてきます。

幽体離脱でんちゃん「ねえねえ、今、何で『アレ？』と思ったの？」

私「うん、ちょっと悲しい気持ちになることを言われた気がしたんだよね」

幽体離脱でんちゃん「この人は、でんちゃんを悲しませたり、怒らせるつもりで言ったのかな？」

私「わからないなぁ」

幽体離脱でんちゃん「そしたら、ちょっと聞いてみたらどう？」

私「うん、悪意はないのかもしれない。ちょっと言い方を間違えちゃったのかもね」

幽体離脱でんちゃんが消えた後、私は知人との会話に戻ります。

「さっき話してくれたことで私はちょっと悲しい気持ちになったんだけど、どういう気持ちで言ったのか教えてもらえる？」と私は知人に聞きます。

すると知人からは「本当はこう言うことを伝えたくてね」とその言葉を使った意図や目的を聞くことができました。

ここで相手の言葉が誤解をさせる表現だったり、意図してなかったように伝わってしまっていたことなどが、お互いに判明することになります。もし相手の真意が私の受け入れられないものであれば、それはそうとして理解します。

ここで大事なことは、**一度感じた感情にすぐに反応しない**と言うことです。**自分自身を客観的に観察してそれをただの情報として捉え、認識する**のです。私の場合、幽体離脱でんちゃんがそれを行ってくれるということになります。

感情が湧き出た時、人が取る反応は大きく分けると大きく次の2つになります。

1　感情を抑える・押し殺す

2　感情を噴出する・ぶちまける

1は、感情を表に出さずにグッと堪える対処法です。抑制して落ち着いたように見えても、自分の内面には溜まり続け、中長期的に溜まったエネルギーが一気に爆発することになりかねません。日本人はこのタイプが多いと言われています。

2は、そのまま外に出す対処法ですが、ぶちまけられた相手が痛みや不快を感じ、人間関係が壊れるリスクがあります。

この2パターンの反応は真逆に見えますが、共通点があり、それは「自分の感情に向き合っていない」ということです。1つ目は感情を無視し、2つ目は感情を他者に投げつけています。こうした反応にはいずれも代償が伴うのです。

しかしながら、感情を巧みに扱う3つ目の方法があるのです。

3　感情に意識を向ける・抵抗せずに感じる

感情から目を逸らさずに、内面で起きていることをじっくり感じればそのエネルギーは自然と弱まっていきます。その過程では不快な気持ちになるかもしれません。

しかし、きちんと感情の波に乗り、それを乗りこなすと、波は緩やかになり、自分も他者も傷つけずに済むのです。

私の場合は、幽体離脱でんちゃんの投げかけがなければ、私はそのまま暴発していたかもしれません。

しかし、自分がきちんと悲しいと認識しつつ、冷静にそうなった理由を相手に聞いた上で、その感情をどう扱うかを判断しようとしました。選択肢を持った中で、健全に感情を処理することができたのです。

何にでもすぐに反応するのではなく、自分自身の状態をコントロールできるセルフマネジメントする力を身につけることが自分がなりたい状態に近づく上でとても重要です。これは筋トレのようなもので、慣れてくると自然とできるようになってきます。

常に自分の感情を認識し続ける訓練を続けていきましょう。

※「セルフマネジメントする力」についての参考文献
『ドラッカー・スクールのセルフマネジメント教室』（2020年・プレジデント社）

一生分の人生設計とお金

ここまでは自分の現実と理想や、仕事で得たいもの、自分がなりたい状態を書き出してきました。ここでは人生全体をどうしていきたいのかを考えましょう。

人生100年時代と言われているように、2021年の日本人の平均寿命は男性が81・47歳、女性が87・57歳と発表されており、80歳まで生きる可能性が高くなっています。あくまでも平均なので早死にする方もいれば、100歳より長く生きる方もいます。

いつ死ぬのかは誰にもわかりませんが、それに備えることは誰にでもできます。

100年生きるとしたらどうしたい？　という問いについて考えてみると今の自分が何をするといいのかが見えてきます。

私がやったことは100歳まで生きると仮定して、それぞれの年代でどんな生活をし、それを叶えるためにはいくら必要なのか？　お金に関してファイナンシャルプランナーと一緒に生活費を計算しました。

食費・交通費・水道光熱費・携帯通信費・趣味・習い事・美容・衣服・家具家電・医療費・健康維持費・冠婚葬祭・旅行・贈答品・住居費……。

現状の生活から今後どうしたいのかを考え、また歳を重ねるごとにどうしていきたいのかを、今の時点でできる限り考えて支出金額を決めました。ここでわからないかと言って決めないと、ずっとダラダラと資産形成もできずにいってしまいます。

私の場合、今は都会生活をしているけれども、歳を重ねたらもう少し落ち着いた街でもいいと思っています。けれど、田舎暮らしは向いていないというのは何度か地方に住んでみてわかっているので、そこまで田舎じゃない方がいいなと、これまでの経験を踏まえながら未来の生活費の試算をしていきました。

資産についても目標を立てました。というのも未来の支出を計算すると将来的にいくら必要なのかがわかり、今努力しないとその生活は成り立たないことがわかったからです。

一般的には「老後は2千万円が必要」と言われていますよね。私の場合は老後もお金を使うことで得られる経験をしたいので、6千万円必要ということがわかり、「働かねばスイッチ」がオンになりました。

そもそも働いている自分が好きなので、私は体の動く限りは働いていたいと思っています。

ですから私の場合、40~50代は現状の収入よりも上げていく、かなりアクティブなチャレンジング設定です。60歳からはそこまで無理せず稼げる金額に設定。70歳以降はお金のためではなく健康のためにゆるく働き、不労所得なども含めて年間300万円くらいは稼いでいるという設定にしています。

金額を設定すると、おのずと「どんな仕事や資産があればその金額を達成できるか?」というところに意識が向いていきます。

また、老いた時の生きがいは「人から必要とされること」だと思っているので、「60歳以降も求められる存在になるのはどうしたらいいか?」を考えながら職を選択したり、スキルを積んでいこうと思っています。

投資についても現状の資産をもとに、分散投資をして大体どのくらいのリターンを得られるか想定し、それによって全体の資産形成プランを立てました。

iDeCo（イデコ）、積立ＮＩＳＡ、投資信託、債権、株式投資、余裕があれば仮想通貨やソーシャルレンディングも社会勉強のためにするといったプランを作り、毎月定額を投資しています。預貯金も必要最低限ある状態をキープするために小さく積立しています。

ライフプラン設計は若い時から始める

20代の方は、まずは生活費×半年分くらいの貯金をまずは目指してみるといいと思います。

22歳から毎月1万円を自動で積み立てすれば1年で12万円、5年で60万円、10年で１２０万円貯まります。32歳で１２０万円がある状態です。１２０万円あれば会社を辞めても郊外であれば、半年くらいは割と普通に生きていけるのではないでしょうか。

これが毎月2万円の貯金なら240万円、3万円なら360万円です。当たり前の話をしていますが、この小さなコツコツができない人がほとんどです。スタバに行くお金があるなら、寿司を食べる余裕があるなら、3千円でも5千円でもいいので今月からコツコツ始めてみませんか。

だまされたと思ってもいいので、毎月少しずつでもいいから最低限と思える分は貯めましょう。よくわからずに闇雲に不安に包まれることをやめるのです。

余裕ができたら投資などして増やしていきましょう。そしていつでもやりたいことができる状態にしておきましょう。

30代で所得が増えているのに資産が0円なのは危険信号が点滅している状態だと思います。

なぜならば**お金に対しての危機意識がなく、備える力もなければ未来へお金を使った投資をすることができない**からです。今のスキルをさらに伸ばすための学習や留学にお金を使ったり、病気になってまとまったお金が必要になった時にも自分で支払う能力がないのはとても残念なことです。

ライフプラン設計は若いうちは必要性を感じないかもしれません。

前述しましたように、**経験を積むというのもとても大事なことなので、あくまで「経験＞貯金」で考えるといいと思いますが、最低限のお金は持っておくだけで気持ちの上で落ち着いて生活ができる**のです。

コロナや災害など、いつ自分の生活を脅かす出来事が起こるかは誰にもわかりません。他人から助けてもらえる保証もありません。いざというときに頼れるお金がないのは大層心細いことだと思います。

人は困窮すると視野が狭くなり、選択肢のない状況に陥り、望んでもない超過酷な仕事や非合法な仕事に手を出してしまいがちになるものです。

つまり、**いつ何が起きても対処できると思えるお金を持っていることは心の保険になる**大切なことだと言えます。

第6章

行動する仕掛けを作る

自分の実現したいものを自分の強みを絡めて実行する

本章では、これまでに決めたことを実行する、そしてそれを自分らしく表現していく方法についてお伝えしていきたいと思います。

通常、**決めたことを実行するには、最初に計画を立てることが必要になる**はずです。**「どうしてそれをやりたいのか？」を考え、目標を定める**ことから始めます。ゴールを設定するわけですね。

このときに大事なことは「実現できる」「実現する」と自分で自分を信じることです。「どうせできないだろうけど」とか考えていると実現できません。**「絶対に実現する」ことを前提に設計していく**のです。自分で自分を盛り上げていきましょう。

目標と何のためにやるのか（WHY）が定まったら、誰が（WHO）何を（WHAT）いつ（WHEN）どこで（WHERE）どうやって（HOW）やるのかを決め

るのです。いわゆる5W1Hです。5W1Hを意識していきましょう。

最後に、これら5W1Hに自分の強みを意識して絡めるのです。

そもそも強みとは何でしょうか。強みが次のように作られることは第3章でお伝えしました。

才能・資質（頻繁に繰り返す思考、感情、行動パターン）
×
投資（練習、スキル開発、知識を身につけるための努力や研鑽）
＝強み（成果を生み出す能力）

どうして決めたことを実行するときに強みを絡めるのか？　それは**自分の強みを意識して行動しないとゴールに到達するのが難しくなる**からです。

ここではその説明を仕事ではなくダイエットを例に挙げます。ダイエットは失敗に終わることが多いと言われています。

実は、私は40歳になる4ヶ月前に－8kgのダイエットをすることを決めました。理由（WHY）は「30代に食べ過ぎで太った体から脂肪を落として自分の理想の体にすることで気持ちよく40代をスタートさせたい」と思ったからです。

やる（WHO）のは私。何をするのか（WHAT）はパーソナルトレーナーやカイロプラクティックの先生に相談したり、様々な書籍を読んだ結果、筋トレを行うことに決めました。

いつやるのか（WHEN）は決断した時からすぐに動いて40歳の誕生日までに完了させるスケジュールにし、どこでやるか（WHERE）は自宅とパーソナルトレーナーのスタジオなどを主な場所に設定しました。

筋トレをするのも誰かと一緒に目標を共有しながらやれるといいと思い、パーソナルトレーナーに伴走してもらうことを決めました。

他にもダイエットをしている人がいると思ったのでダイエットコミュニティを作り、

一緒に知見を共有しながら励まし合いながらできる環境を作りました。やることを決めたので、粛々と実行し、期日の1ヶ月前には目標の－8kgに到達。そのまま継続し、結果的に半年で－11kgのダイエットに成功することができました。その後もその数字をキープする努力を継続しています。

一応のゴールには到達できたわけです。

ダイエットの中にどう自分の強みを絡めたのかをご説明します。

私の資質・才能はコミュニケーションや社交性です。誰かと一緒に目標を共有しながらやるのがいいと思ったのは、私の資質・才能から出てきた着想です。

ダイエットコミュニティを作り、一緒に知見を共有しつつ励まし合いながらできる環境を作ったのも、同様のコミュニティを作った過去の経験（スキル開発）があってのことです。ここで過去の「投資」が効いたわけです。

そもそも筋トレ自体が「投資」と言えます。筋トレは、トレーニングフォーム、強度、頻度、食事、休養などの様々なことを正しく行ない、かつ継続していかなければ効果がないので、知識を身につけるための努力や研鑽が必要になります。

体重を減らしただけなのに、もし偉そうな印象を与えていたら恐縮なのですが、私がダイエットの中にどう自分の強みを絡めたのかは、図式として次のようになります。

「誰かと一緒に目標を共有しながらやれるといい」という着想（才能・資質）
×
「ダイエットコミュニティを作る」というスキル開発、筋トレ（投資）
＝「半年で−11kg」の成果（強み）

私がもし1人でジムに通っていたら、3日坊主でダイエット作戦終了となっていたかもしれません。やみくもに始めるのではなく、目標を設定し、5W1Hと自分の強みを意識しながら実行したからこそ目標を達成できたと思うのです。

何かを実行するときは、ぜひご自身の才能・資質、経験値を活かすことを念頭に置いてください。それが強みとなるはずです。

行動する仕掛けを作る

目標が定まったら、いざ行動となるのですが、新しいことを始めることにハードルを感じる人もいます。

「やったことがないからどうしたらいいかわからない」とか、「やって失敗したらどうしよう」とか考えてしまって結局動き出すことができないまま、なんてことを繰り返している人も多くいるでしょう。

そういう人は、次のような問いかけを自分自身に行い、自分の心理を理解して解決法を導き出せるようにしましょう。

＊自分は何を恐れているんだろう？
＊失敗したらどうなる？
＊どうしたら行動できる？

自分が恐れているものを明確にしてみると案外それが大したことではないと気づけるかもしれません。

恐れていることと行動しないで何も得られないこと、どちらの方が自分にとって本当に怖いものかを比較した場合、行動した方がマシだなと思えるでしょう。「失敗したって死ぬわけじゃないし」と考えることだってできます。

自分が恐れているものを理解せず、やみくもに不安になって立ち止まっているのではなく、**自分がどういう時に積極的に行動しているか、過去の行動パターンを分析してみて、それを応用すると動き出しやすくなる**のです。

ですから**自分に合った工夫をすることで行動する仕掛けを作る**ことをおすすめします。

「行動する仕掛け」の例

＊紙に書き出してみる
＊カレンダーに書き込んでみる
＊人に宣言する

＊SNSで記録をつける
＊日記を書く
＊アラームをセットする
＊前の日に準備をしておく
＊物の位置を変えてみる

またダイエットの話題になって恐縮ですが、私の場合、将来おばあちゃんになった時も筋肉量のあるきれいなボディラインを維持していたいという願望があるので、タンパク質量や糖質量を意識した食生活を始めました。

継続させて習慣化させたかったたし、どうせやるなら楽しみながらできたらと思っていたので、行動する仕掛けとして、毎朝写真投稿することを決めて約2年間ほぼ毎日インスタにアップしています。人に見てもらうことで緊張感を自分にもたせ、毎日できているという自尊心の醸成で心地よく継続しています。

習慣化を憧れで終わらせない

話題の乳酸菌飲料を毎日飲み続ける、30分のウォーキングを日課にする、週に1冊は本を読む等々、人は何かしら習慣にしていると思います。**行動する仕掛けは、こうした日々の習慣として組み込んでいく**ことが大切です。

自分が決めたことを粛々と継続していけばいい話だ思うのですが、**習慣化することは世の中で難しいと思われている**ようです。

本屋さんに行くと、習慣化をテーマにした本がとてもたくさんあります。そうした本を買い求める人は、「習慣化を成功させるコツやテクニック」を知りたいのでしょう。あるいは「習慣化することで何かサプライズが起こるんじゃないか!?」という期待も抱いているのかもしれません。

習慣化ができない理由は、次のような理由が挙げられます。

＊目的が明確ではない

＊本当にやりたいと思っていることではない
＊楽しくない

これらの理由の逆のことを行えば、習慣化が容易になるはずです。ですから、**行動する仕掛けは、目的意識が明確で自分が本当にやりたいと思えて楽しいことを選択する**のです。

ただし、習慣化することで起こるサプライズは、どんなことを続けていくかにより ます。楽しいから続けられるといっても悪影響を及ぼす物事を習慣化してもサプライズは起こりません。

不安定は成長の過程であることの証拠

人がストレスや不安がない状態でいられる場所をコンフォートゾーン（安心の領域）と言います。コンフォートゾーンの外側はフィアゾーン（恐れの領域）と呼ばれています。

人は新たなチャレンジを始めると、フィアゾーンに入ります。やったことがないことをしていると自信がなくなったり不安が襲ってきたり、ちょっと言い訳をしたくなったりするのです。

けれど、何度も新しいチャレンジを経験して問題に対処し、成功体験を積むうちに自分なりに答えを見つけていきます。**フィアゾーンを突き進むうちに新たなスキルを得たり、人とのつながりができて、学習領域のラーニングゾーンから最後は成長の領域であるグロースゾーンに入る**のです。

すぐに行動してしまうタイプの私の場合、このコンフォートゾーンから離れることが多く、それを繰り返していたらフィアゾーンに入ったときの不安定な状態の自分が、どんな対処をしてどう切り抜けていくのかを観察するのが、「面白い」ということに気づいてしまったのです。

私がまるで不安定を求めているかのような動きを繰り返すので、知人からは「不安定ジャンキー」というニックネームをつけられてしまいました。

私にとって「不安定＝悪いこと」ではなくて、「不安定＝チャレンジしている時の当たり前の現象」になっています。不安定ジャンキーになってしまったのは「毎度違う問題をクリアするために、クリエイティブに行動できるのだろうか？」と不安になりながらも「困難の後にはどんな成功が待つのだろう」とドラマの主人公を応援するかのように自分自身を応援しているからなんだと思うのです。

「超小粒の行動改革」を行う

行動を起こせていない自分がいると認識している人は、動かないことが自分の基本スタイルになっていると思うので、その体に染み付いた「動かない」という習慣を変えていく必要があります。

自分でずっとやろうと思っているのにやっていないことに執着しても、それはもう「できない」のレッテルが貼られているので、また同じことに取り組もうとしても脳が拒否反応を起こしたりしてやる気になりにくいと思います。

そんな脳を徐々にウォーミングアップさせる方法の一つが「超小粒の行動改革」で

す。あまりにも小さな変化過ぎて人に自慢もできなければＳＮＳになんて絶対に出せないと思ってしまうレベルのことを毎日やるのです。

「超小粒の行動改革」の例

＊毎朝通勤で通る道を変えてみる
＊普段は行かないお店に入ってみる
＊いつも右手でしている歯磨きを左手でしてみる
＊朝起きてすぐに伸びをしてみる
＊しばらく着ていなかった洋服を着てみる

このくらいのレベルのことでいいのです。こういういったことは、健康系の本や雑誌でもよく書かれているので、それだけ単純かつ効果がある方法だと言えます。
時間に余裕があれば、それをやってみて自分がどう感じたのかを書き出してみることをおすすめします。初めから「このくらいのこと」と期待値を低く見積もっているので、ちょっとした変化があるだけで自分の想定外の出来事になります。

ちょっとしたことで自分はこんな気持ちになるのかと驚いたり、このくらいのことじゃ何にも感じないんだなと思ったり。続けていると、段々と昨日よりももっと大きい変化を求めたり、好奇心の幅が広がっていくようになるでしょう。

可愛い自分には、一人旅をさせよ

一人旅は自分の資質や才能を活かして強みにするための行動力を鍛えるのに超おすすめなので、ぜひ実行して欲しいと思っています。

私はこれまで日本中を旅してきて、あと行けていない県は福井県・島根県・鳥取県のみとなりました。旅の7割近くは一人旅なので、「旅は友だちや家族とするものだ」と思っているタイプの人からは「さびしくないの？」とか「それって楽しいの？」と聞かれたりします。


私の答えは「**旅は一人の方が絶対に楽しい**」です。

もちろん、友人や恋人との旅行も楽しいです。同じ経験をして関係性を深めたり、普段話せないことを語り合ったり、知らない一面を見ることができるなどの機会は旅だからこそできるとても有益なものだと思っています。

私がそれよりも一人旅が楽しいと思うのは、すでに知っている人とはできない経験がたくさんでき、力がつくからです。

「一人旅でつく力」の例

＊見知らぬ人に話しかける力
＊困った時に周囲の人に頼る力
＊旅の計画を立てる力
＊その土地のことや言語などを調べる力
＊自分で決める力
＊伝える力

これらは一人旅をすれば必ず得られると決まったものではありません。

一人旅では、自分がその旅で何を得たいかを考え、それを得るためにどういう行動をしたらいいのか、どこに行けば手に入るか、誰を頼るといいのか、いつどうやって辿り着くといいのか、とにかく自分一人での決断を迫られることばかりです。

何でこんなことが起きるの⁉　という**ハプニングやトラブルの連続もあり、それを乗り越えて経験値を積むことで自分の力が育っていることを実感できる**のです。

経験を重ねればトラブルなどは減っていきますし、逆に自分の好きなポイントがどんどん見定まっていきます。

現地の人たちの性質や習慣にはじまり、宿泊するホテルやAirbnb（民泊）、移動手段である飛行機・電車・バス・タクシー・バイク等の乗り物、口にする食べ物や飲み物など、どれが自分に合って、どれが合わないのかが鮮明に見えてきます。

私の資質はコミュニケーションと社交性なので、外国語がそんなにできなくても海外でその資質を活かして現地の人と初対面であってもすぐに仲良くなり、楽しく過ごすことができます。

お酒が好きなので、スペインの片田舎ではワインをたくさん飲んで酔っ払って世界遺産の宮殿職員のスペイン人たちと大盛り上がりしたことがあります。翌朝起きた時に「あれ、昨夜は何であんなに仲良くなれたんだっけ？　私は何語をしゃべっていたんだろう？」と不思議に思いました。

人生で犬の散歩を初めて経験したのも、街の交差点でたまたま犬を連れたフランス人のおじさんと目があって犬を「かわいいね！」と話しかけたことからだったし、スペインのバルでは日本人が審判をつとめるワールドカップの試合を観ていたアフリカ人から「何とかよろしく頼む」と握手されて意気投合したこともありました。

台湾では現地の人から超高級な生牡蠣をご馳走になったり、タイ人には飛行機に間に合わない！　と言ったらトゥクトゥクを爆走してもらったりしました。

登山中に隣り合ったイタリア人に山の頂上の売店でチーズを買ってもらったこともあれば、マレーシア人には空港を案内してもらいつつ、飛行機のコクピットで機械の操作を教えてもらったりというとても親切なおもてなしを受けました。

ここで私は外国での体験を自慢したいのでありません。海外に出てみると、イージーゴーイングかつフレンドリーに物事が進んでいることを伝えたかったというのがあります。

日本だと知らない人に話しかけると怪訝な顔をされます。特に東京はそうですよね。例えば、私はフランスやスペインで、スーパーやファーストフードのレジに並んでいたご年配の方が、後ろに並んでいる知り合いでもない若者に「その洋服かっこいいね。そういう服はどこで売ってるの？」という風に気軽に話しかけたり、それをきっかけに会話が盛り上がるという光景を何度も目にしました。世代の差を超えてコミュニケーションの和が広がるというのは素敵だなと思いました。

日本よりも外国にいた方が、初対面の人に話しかけやすい、話しかけられやすい雰囲気や環境のはずです。現地ではあなたは外国人です。前述しました「旅の恥はかき捨て」の精神を発揮しましょう。**普段は社交性に富んでなくても、「旅の恥はかき捨て」の精神さえあれば旅先で楽しい経験をする確率は高い**と思います。

日本にいると生きづらさ、窮屈さを感じる人は少なくないと思います。空気を読んだり、他人の目を気にしながら行動しなくてはならない社会と言えます。

例えば、日本ではおしゃれなカフェのテラス席でコンビニ弁当を開けて食べる客がいたら大ひんしゅくです。飲食店に入ったら他の店舗で購入した食べ物を開封することはお店の許可を取らない限り、NGなのは日本人ならば暗黙のルールとして知っているわけです。けれど、そのルールは必ずしも世界スタンダードではありません。

近年、経済発展の著しい台湾、タイ、ベトナム、インドネシアといったアジアの国々には、日本に負けないおしゃれなカフェがたくさんあります。かの地では、お客さんが屋台やキッチンカーで買ったビーフンやらカオマンガイやらバインミーやらナシゴレンやらを持ち込んでカフェの飲み物と一緒に食べる光景は、ごくごく日常的に見られる光景です。そして、仮に2時間でも3時間でもカフェに滞在しても店員さんが嫌な表情を見せることはまずありません（もちろん例外はあります）。意外と長時間滞在するお客さんは少なくて、カフェには次々とお客さんがやって来ては帰っていきます。むしろ日本のカフェよりも回転率がいいぐらいです。

とにかく日本はルールを大切にしますよね。電車が数分遅れただけで謝る国は日本だけですし、そもそも海外では時間通りに何かがやって来ることが稀です。乗り物も人も遅れて来るのがデフォルトです。海外に行くとお店では店員さん同士、お客と店員さんがおしゃべりに熱中し、レジに行列ができていることが少なくありません。日本だと即座に「レジの応援お願いします」という店内放送が流れるはずです。

こうしたことから「日本は民度が高い」と言うことは可能です。けれど、日本では要求される仕事の質が高い割には、そこで働く人たちの賃金がそれほど高くないことは周知の事実です。

日本企業の生産性の低さ、利益率の低さなどが近年問題視されています。日本の最低賃金はとっくに韓国に抜かされ、先進国の中で最下位に転落しています。

前述しましたカフェの例をみても、日本人のルール厳守主義、狭量さが日本経済を停滞させている一因なのではないかと思います。

本書では、時代に沿う形で仕事に困らない人が増えることを願っています。30年以上停滞が続き、賃金も上がらず、成長もほとんど見られない現在の日本経済を参考にしてもヒントとして得るものは少ないのかなぁ……と実感する今日この頃です。

おすすめなのは経済発展の著しい国々を一人で旅することです。そこで見たこと、聞いたことを自分の糧にして欲しいと思います。

SNSの捉え方を考え直す

スマホを開くと、そこにはSNSで、友人や知人、インフルエンサーの「美味しいもの食べましたぁー」「BBQしてまーす」「ナイトプールキタァ！」「人気サウナにやってきました」「仲間ってマジサイコー」などのリア充投稿の数々……。

「皆んなは楽しそうなのに私は孤独だ」「私ってさびしい人なんだ」「私にはそんな友だちがいないよ」などと卑屈な気持ちになって、自分がとてもかわいそうな人と思いたくなる時、ありませんか？

そのままその感情を引きずって悲劇の主人公を演じるのも自由ですが、これもどうしてそうなっているのか？　を分析して対処することができます。

他人が投稿している内容に関して何か気持ちがザワザワした時が分析のチャンスなのです。

ごちそう、BBQ、海、ナイトプール、サウナ、絶景、いい宿などなどSNSで皆んなが好きと言っているものに関して自分と照らし合わせてみるのです。

＊そもそも自分はそれを本当にいいと思っているのか？
＊自分が本当にやりたいことか？
＊その人の何が羨ましいのか？
＊何に劣等感を感じているのか？

これらを冷静に考えてみるのです。まず「私は海に行きたいのか？」と考えてみて、仮に「海ってベタベタするし、クラゲがいるし、そんなに行きたいとは思わない」であれば、その海の投稿を「いい」と思う必要はないですよね。

それでもまだその投稿を見てザワザワするのであればさらに分析します。「友だちと楽しそうにしていることがうらやましいのか」「ナイスバディな水着姿に憧れているのか」「きれいな景色を見ていることが悔しいのか」「その人が笑っていることに苛立ちを覚えるのか」などなど。

自分がその中の何に感情を動かされているのかを見定めることによって自分が本当

は何をしたいのかがわかってきます。ザワザワや劣等感は自分の課題発見機なので大事にしたい感覚です。

また、ＳＮＳに投稿されているものは超絶に切り取られた超一瞬のシーンです。それ以外の時間のことは見ている側には何もわかりません。実際に投稿されているものだって加工されていたり嘘が入っていたり、事実ではないものだってあるでしょう。それをそのまま鵜呑みにして自分の感情をかき乱されることの無駄さや無意味さについてももっと考えた方がいいです。

自分にとっていい刺激を与えるアカウントでないのであればすぐにフォローを外してみることを検討してください。友だちだからそんなことできないと思う人はその上部だけの友情を一生大事にしていきたいのか自分に聞いてみましょう。

ネガティブなのは脳が暇だから

ＳＮＳについて書きましたが、ＳＮＳをやっている時間もそうですし、気持ちがちょっと落ち込んだり、さびしさやふがいなさなどネガティブに寄った気持ちになっているときは脳が暇をしている時間なのです。

脳はやることがなくて持て余しているときに情報や物事に意味をつけようとし、勝手に妄想して悪い方に自分を置こうとするのです。

これは脳科学的にも証明されていることで、特に過去に嫌な経験をしていることが多いと無意識に悲しかったことや悔しかったこと、後悔していることを思い出してネガティブ思考になります。そしてそのまま「だから私はダメなんだ」とかできない理由を考えたりして沼にズブズブ……となっていきます。

私の友人にも「何で私だけ……」というのが口グセの人がいて、ずっと同じことで苦しみ続けていることを周囲に訴えることにエネルギーを使っていました。もうそのネガティブのループをずっと繰り返しているのを見ると、一度ハマると自分で抜け出すことは難しいのだと思います。

このネガティブループはハマる前に早いうちに脱しましょう。そこにハマっていても何もいいことはありません。ネガティブなままだと周りの人もあなたから去っていきます。いい人を引き寄せる方にエネルギーを使いましょう。

「脳に暇をさせない」の一例

＊今の仕事を全力でやって夢中になる
＊楽しいと思うことをやる
＊何かに必死になって集中する
＊運動をする
＊本を読む

こういった環境作りや行動を取ることが大事です。運動をしていてネガティブなことを考えるってなかなか難しいですよね。ネガティブで何も運動していないという人はとりあえず今すぐストレッチでもしてみてください。ちょっとは気持ちがスーッとすると思います。

そして、暇にも備えるのです。**「暇になった時にやることリスト」を作っておく**のもおすすめです。

「暇になった時にやることリスト」の一例
＊洋服のボタンをつける
＊床を水拭きする
＊ベランダの掃除をする
＊家の周りを散歩する
＊手紙を書く

小さなことでもいいので集中してやれることを予め準備しておきましょう。

つながり作りは会って話す頻度と継続が大事

私が20代に営業をしていた時の話です。

先輩から「お前は毎日ここに立ってろ」と言われ、ただ本当にお客さんのオフィスの廊下に「立っているだけ」の仕事をしていました。けれど、毎日立ち続けているとお客さんが「最近よく来るね」「どこの営業さん？」と声をかけてくれるようになり、いつしか仕事を受注することができるようになったのです。

初めはこんな無駄なことと思って腐りそうにもなっていましたが、続けることで変化は起きるのだと実感しました。


人との関係性を作るには、会って話す頻度とその継続が最も重要であると考えています。これは仕事に限らず、プライベートでも活きる話です。

行きつけの飲み屋と呼べる店を作りたいと思ったら、まず3日続けて通えば顔を覚えてもらえます。次の週にも3日行けば、名前を覚えてもらえるでしょう。そして次の週には、その店の常連に「最近よく来るね」と声をかけられるくらいにはなると思います。1ヶ月も経つ頃には、もうその店によく来る常連と自分でも周りからも認識されると思います。

私はこの集中した期間を作ることがとても重要だと思っていて、自分の中でピーンと来たらとにかく通い続けます。初めのうちは慣れなくてモゾモゾしたりもしますが、行き続けているうちに顔馴染みができてきて、自分なりの心地いいルーティーンなんかも生まれてきます。

今から15年前のまだ20代だった頃、毎週末に西麻布のクラブに通うのが楽しみでした。その頃は離れたところに住んでいたので通うのに1時間ほどかかっていましたが、今は渋谷に住んでいます。しばらくクラブ遊びはしていませんでしたが、踊ることもコミュニケーションも大好きなのでもう一度クラブに遊びに行ってみよう！　と思い、家から10分の場所にある若者に人気のクラブに、41歳になりたての半年前から通い始めることにしました。

周りのお客さんと年齢差はありましたが、最初に行った時に「何かこのクラブは居心地いいな」と自分の本能がピーンときたので気にはしませんでした。

その後週に2回、3回と通ううちに段々とスタッフさんに顔を覚えられ、到着すると「ハイボールでいいですよね？」と言われるようになり、通い始めて半年で、DJにドラッグクイーン、テキーラガール、フロアやエントランスのスタッフにセキュリティとそのクラブのほとんどのセクションの方とお話ができるようになったのです。インスタも交換したりして、今ではDMで頻繁にやりとりしています。

これは自分でも通い始めた頃には想像もしていなかったことですが、ここまで皆んな知っていると、自分にとってとても居心地のいい場所になるんですよね。

最近ではクラブ初心者のお客さんの案内役も喜んで引き受けています。

ちょっとやってみる、とりあえずやってみるという気軽な行動に慣れてくると、あれもこれもやってみたくなるのです。

仕事でもプライベートでも関係性を作るためには会って話す頻度を高くして、なおかつそれを継続することがとても重要だと思います。

第7章

PRで
つながりを
作る

何をしている人なのかわかると仕事がやって来る

現在、私はフリーランスでＰＲの戦略作りのコンサルティングの仕事をメインに行っています。

ＩＴベンチャーやスタートアップ企業が自分たちのセールスポイントを見つけ、どう伝えていき、そしてどういう世界観を作り出したいのか？　を一緒に考え実行する伴走役をしています。いわゆる「中の人」が道に迷わないように、ちょっとずつレールを引く仕事です。

最近では常にだいたい5〜6社と契約をしていますが、これまで自分から営業をかけたことは一度もありません。

契約する企業の中の人が、もともと私とつながりのある人だったり、知ってくださっていた方からお声がけをいただいてお仕事をさせてもらっています。友人や知り合いからの紹介ということも多いです。

自分で唯一したことといえば、note（※）に自己紹介を書いたことくらいです。この自己紹介を見たことをきっかけにご連絡をくださる方も大勢おられます。

noteの自己紹介には職務経歴やキャリアストーリー、自分の資質や強み、今やりたいことなども書いてあり、先に相手が聞きたい情報がすでにかなりの範囲でオープンになっている状態です。

ですので、連絡をいただいた後にカッチリした採用の面接を受けることも、履歴書を出すこともありません。どんな仕事をして欲しいかのお話を伺うミーティングを1時間するのみです。これも**すでに過去にやっていた実績から得た信頼がある**からだと思っています。

自分が何をやっているのかオープンに綴ることは将来の顧客候補を作ることになるのです。サラリーマンだからといって雇用が保障されているとは限りません。そのうち転職したいと思った時にも、**今はSNSをチェックされる時代であり、SNSを未来に向けた格好のプレゼンテーションの場だと思って運用する**ことも考えてみてもいいと思います。

ただ、**守秘義務や就業規則により、SNSで過去におこなった仕事、現在おこなっている仕事について書くことができない場合がある**かと思います。そういった場合は、会社や関係者に確認する、もしくは許可を得る、または、**就業規則や契約書などを読み直したり、守秘義務に詳しい法律のサイトや専門家の意見を踏まえる**のが賢明です。

武器になる自己紹介を作ろう

自己紹介を作って発信してみましょう。自己紹介は自分自身を表現するとても大事なプレゼンテーションです。

自己紹介を発信する場所は、私のようにnoteでも良いですし、普段利用しているSNSでもかまいません。

自己紹介は、ビジネスでいうと、サービス説明や企業紹介などと同じことで、その良し悪しによって今後の事業成長に大きく影響します。個人であれば大きく影響するのは、人とのつながりや仕事、お金、生活などになります。ですから、本書でこれまで書き出してみた**自分の才能や資質、価値観、好き嫌い、得意不得意、やりたいこと**

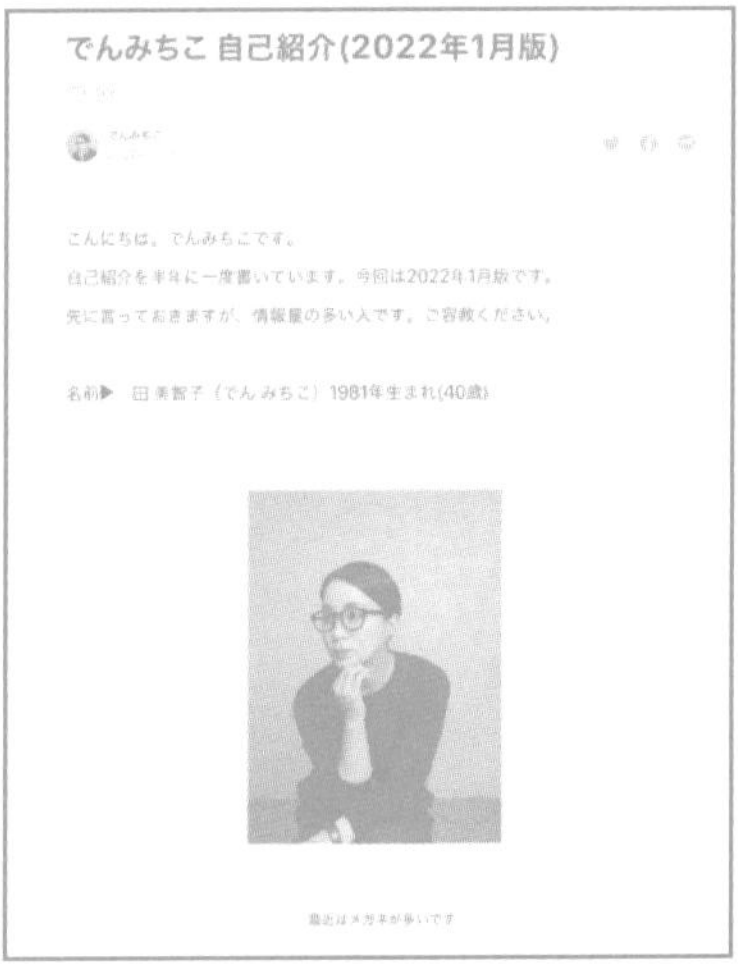
でんみちこ 自己紹介(2022年1月版)
こんにちは。でんみちこです。
自己紹介を半年に一度書いています。今回は2022年1月版です。
先に言っておきますが、情報量の多い人です。ご容赦ください。
名前▶ 田 美智子（でん みちこ）1981年生まれ(40歳)
最近はメガネが多いです

※note株式会社が運営する情報発信サービス「note」のこと。クリエイターが自ら創作した文章、画像、動画などのコンテンツを投稿し、ユーザーがそれらを応援できる形式で高い人気を呼んでいる。ホームページ、ブログ、SNSなどで自らの作品を発信しつつも、なかなか仕事につながらなかったり、単価の低い仕事に甘んじていたクリエイターたちが、クリエイター目線のプラットフォームを備えたnoteの登場により、知名度を上げたり、受ける仕事の単価や質を上げるなど、成功につながったケースが増えてきている。

などを反映させることが重要です。

書き出されたものを**どういう形で表現すると自分自身がより伝わりやすいのか、相手にとって理解しやすいものになるのか、何度も書き直してみて自分がしっくりくるまでやる**ことを心がけましょう。

また、**一度しっくりきても状況の変化に合わせてどんどん変えていく**ことも大切なポイントです。人は一分一秒変化していきます。一度作った自己紹介を変えようと思うことは悪いことではありません。自分と常に向き合っていることの証拠であり、人に誠実でありたいという気持ちの表れです。

自己紹介は人とコミュニケーションをしていくためのツールです。ですから、そこに**嘘偽りやちょっと盛った表現などあると自分自身が自信を持って使うことができな**いということになります。**今の自分が素直にいいと思えていて、人にも与えることのできる才能や能力、強みなどの「認識できていること」は堂々と書く**のです。また、今興味のあることやこれからやっていきたいこともどんどん書きましょう。

魅力のある自己紹介を考える

実際に私が自己紹介するときに気をつけていることをお伝えします。まずは名前からです。

名前▼田　美智子（でんちゃん orでんでんと呼んでください）

名前を伝える時には「みんながこう呼んでいますよ」と自分からニックネームを相手に伝えると呼んでもらいやすくなります。一度さん付けで呼んでしまうと、人はそこからニックネームに切り替えるのが難しくなります。**初めから距離感を縮めたいときはニックネームを呼んでもらうように自分で工夫する**といいでしょう。

私の場合は、あまりなじみのない名前なので自己紹介後に名字のことを聞かれて盛り上がることが多いですね。けれど、ミーティングの際に、名前の話題で尺を取られるのがもったいない、もっと違う話をしたいと思う場合は、長くならないように「本名で日本人で北海道出身です」と相手が聴きたくなるポイントを短くまとめて先に伝えるようにしています。

出身▼北海道　札幌出身
居住▼渋谷在住　都会が好きです

出身を書く時も県単位だけではなく市区町村レベルで伝えると話が弾みやすいのです。その土地をどう思っているのかまで伝えるのも自分の気持ちを表現していて好ましいでしょう。**人は、同じ土地出身だったり住んでいるところが一緒だったり、ゆかりがあったり知った場所だと親近感を感じやすい**ものなのです。

私の場合は「渋谷って住めるの？」とよく聞かれるので、皆んなが知らない渋谷の住んでみてのよさなどを伝えると意外性に驚いたり興味を持ってもらえたりします。

趣味▼キックボクシング、野球観戦、酒場巡り、旅行
特技▼整理収納、清掃、料理

趣味や特技も「人とどう違うのか？」というレベル度合いがわかる差別化ポイントがあると相手の興味を引きやすいことになります。

私の場合だと「野球観戦が好きで2軍の試合含め年間20試合見に行きますし、今年は沖縄キャンプまで行ってビッグボスとの試合も見てきました！」まで発信します。なぜなら「好き」のレベル感が伝わりやすいからです。特技の整理収納や清掃も「家事が好きすぎて家事代行サービスで100軒以上のお宅に訪問してきた経験がありま す」と伝えたほうがわかりやすいですよね。

数字や頻度などを織り交ぜるとより伝わりやすくなりますし、さらになぜ好きなのかの理由まで追加できるとより相手の印象に残る自己紹介となるのです。

性格▼ポジティブ、好奇心旺盛、すぐやる、裏表ない
習慣▼早起き、朝ごはん、ものを手放す

好き▼新しいこと、早いレス、効率的、チャレンジ
苦手▼メンヘラ、ネガティブ、何もしない
ストレングスファインダー▼活発性、最上志向、コミュニケーション、社交性

自分の性格や資質を伝えることも自分を理解してもらう上でかなり重要な要素となるのです。外交的なのか内向的なのか、日常でどういうところに重きを置いているのか、大体の印象を先に持ってもらうことで相手とのコミュニケーションをスムーズに進めることができます。

キャリア▼三越→オイシックス→トレタ→ヤッホーブルーイング→FemtoPartners→フリーランス

私の場合だと「キャリアの幅が広いこと」自体も自分の強みにしているので、「複数の業態で営業からwebマーケ、PRにブランディングまでと幅広い職種を経験したこと」を伝えるようにしています。

そして、企業も職種を適当に選んだのではなく、「自分の中で一貫して〝新しいものを提供する〟企業に就職し、フリーランスとしても〝新しい価値を提供するサービスを支援する〟という軸に沿った仕事選びをしている」ことも付け加えるようにしています。

私の強み

＊すぐに行動することができます！

＊コミュニケーションが大好きで積極的に話しかけることができます！

＊新しいアイデアがどんどん湧き出てきます！

＊負けたくない！　特に自分にきびしくすることができます！

＊未来は明るいと思い、ポジティブに捉えることができます！

自分の強みは相手が求めていることとのマッチングポイントとなるのです。ですから、**堂々と自分の強みを伝える**ことを大事にしましょう。

私のミッション・ビジョン・バリュー

ミッション（使命）▼未来に向かって動きたい人に、きっかけを創造する

ビジョン（理念）▼いつかをいまに

バリュー（価値）▼Go Bold！Speed！Action！

通常、企業にはミッション・ビジョン・バリューがあります。さまざまな企業のミッション・ビジョン・バリューを調べると、その企業の考え方がわかってきて、印象が変わってくることがあります。

ですから、**個人であってもミッション・ビジョン・バリューを発信する**ことをおすすめします。株式会社じぶんの社長でいるような感覚です。

自分が何に向かっているのか、何を大事にしたいと思っているのかなど、ぜひ一度考えてみてください。そして言葉にまとめてみてください。

キャリアをストーリーに仕立てて書いてみる

自分のキャリアについても書いてみましょう。職務経歴書によくある、成果や実績重視のことだけでなく、自分の資質や才能を絡めたり、いつどんなタイミングでどう考えて動いたのかという感情や感覚ベースで動いたことを入れてみてください。

自分はこう思ったからこういう行動を起こして、そして起こった出来事を書いてみるのです。そうすると他の誰にも書くことのできない自分だけのキャリアストーリーができあがります。**資格やスキルは他の人と比較することができてしまいますが、あなたが体験して考えて動いたことはあなただけのもの**です。

私の場合だと、次のように書きました。

大学から三越へ

大学時代に空間デザイン・建築の勉強をしていたので百貨店ではディスプレーや空間に関わることを志望して入社。幼少期から百貨店に頻繁に行っていたのも影響していると思う。リビング用品コーナーでタオルや寝具、キッチン用品やアロマ用品を担当し買い付けや販売を行いました。ギフト対応などが多く掛紙《のし》や包装は得意です。のちにこの包装技術がメルカリ発送に活きることになるとは……（笑）。

入社3年で次のキャリアを考えた時に、もっと自分から売り込む力が欲しいと思い法人外商部に異動の希望を出し社内転職。大手新聞社向けの販売促進（SP）営業を行い年間15億円ほど売る。この時の部署は50人の中で女ひとりだったのでおじさん対

応力がつきすぎて自らおじさんと化しました。富裕層の個人外商も担当しブランド品などの高額品の販売も多数行い、「家と車と仏壇以外の物は全部売った」感覚に。次に何を売りたいか？　を考えた時に〝体にいい食品〟を売りたい＆ＩＴに関わる仕事がしたいな、と。すぐにオイシックスがひらめいたので、翌週に入社試験を受けて合格。展開早い。後の転職も大体こんな感じ。

キャリア＝会社の名前という風に考えている人もいます。**キャリア＝会社ではないので会社のブランドを自分自身と置き換えるのはやめる**ことです。**会社であなたが何をやったのかの方が、一緒に仕事をする側としては重要**になります。

会社のブランドはあくまで会社ありきです。会社は会社、自分は自分です。もし、会社が不祥事をおこしブランド毀損《きそん》したらどうしますか？　**会社の名前がなくとも、自分自身の名前で生きていく覚悟を決めると、自己紹介も自分ありきの書き方ができる**ようになります。

自分の日常を伝える

PRを初めて担当した企業の時に毎日ブログを書いていました。会社であったことや社長の観察日記をブログに書き、それに加えて自分がどういう行動をしたことでどんな成果が得られたのかを毎日のように自分のSNSにも書き綴っていました。

会社のブログへのアクセスも全国からあり、PVも増え、私のSNSをフォローする人も自然と増えていきました。

その日々の投稿と会社の成長が自分への信頼へとつながり、特に営業せずともお仕事の話が舞い込むようになったのです。

個人のSNSなのに、タイムラインが全て会社の新サービスの発表や採用情報ばかりになっている人をたまに見かけます。それでは会社のHPのお知らせページと大差ありません。

今その路線の人は、次のキャリアを考えるのであれば、せめて**自分が会社でどんな**

役割で何をしているのかくらいは投稿しておいた方がいいかもしれません。

会社の出来事だけではなく、**自分自身のどうでもいいような日常も綴った方が、その人の性格や人柄、考え方や行動範囲に交友関係がわかり、見ている人は興味を持つ**と思います。

同じように個人のＳＮＳで**子供やペットなど自分以外の存在の写真だけの投稿をする人もいます。しかし、それではあくまで別の存在の写真を投稿したに過ぎず、投稿した人自身についての情報が伝わらない**と思うのです。

ＳＮＳで自分以外の存在の写真を投稿する際は、自分の意見も一緒に伝えるよう心がけましょう。何をしてどう感じたのか。子どもやペットと触れ合うことで自分がどう感じ、どう行動したのか、そこからどういう影響を受けているのかということについてです。

他の人の情報をシェアする時にも、どうして自分がシェアをしようと思ったのか、その意見を添えないと、見た人にはそのシェアの意図や目的は伝わらず、誰も読もうともリンクをクリックしようともしないでしょう。それはまるで販売する気のない家電量販店の店員が無言で商品を差し出してくるのと同じことです。

冠婚葬祭のことばかりの人もいますが、正直、私はそういう投稿をする人のことはテンプレートな人生しか歩んでいないように見えてしまい、魅力的には感じません。

例えば、YouTubeで人気のコンテンツとしてモーニングルーティーン動画がありますす。朝に何をしているのかを動画で伝えるコンテンツですが、人がそれを観たがるのは「他人の日常を覗いてみたい」というのが理由ではないでしょうか。もはや有名人でなくとも一般人の日常でもいいのです。

人生のハイライトばかりを投影するのではなく、平凡な日常を綴ることに価値があることに気づきましょう。ハレの日の投稿だけでなく、ケの日の投稿もするのです。

毎日続けることでオリジナルのコンテンツを生み出す

オリジナルのコンテンツやオリジナルのコンテンツスタイルを持つと発信が楽しくなると言えます。

衝動的に楽しいと感じたことを発作的に発信するのもいいのですが、それだと相手の記憶に残らず、結局何がしたい人なのか？　何を伝えたいのか？　が明確ではないままただ消耗されるコンテンツとなってしまいます。せっかく投稿するのであれば、自分にいい形で返ってきやすいコミュニケーションスタイルを作り出しましょう。

毎度おなじみの自分だけのオリジナルシリーズを持つと自分の伝えたいことや自分自身のキャラクター理解がされやすくなるのでおすすめです。

オリジナルのコンテンツなどと聞くと何か特別なことをしなくてはいけないの？と思うかもしれませんが、そんな必要はありません。

私の例を挙げてみしょう。私は大好きな鮭とタンパク質を意識したヨーグルトやプロテイン、それに季節のフルーツを自分が好きで集めた食器に乗せて写真で撮ったものを毎日インスタにアップしています。それは、私が毎日の生活を大切にしたいと思っていて、特に朝の食事を大切にしているからです。健康な毎日を過ごしたいという望みがあるので、毎日必ず朝ごはんを食べるようにしています。それは私にとっては日常的なことです。

フォロワーが何十万人もいるようなインフルエンサーが投稿するような美しい写真でも手の込んだ料理でもありませんが、それが私の背伸びしていないありのままの日常なので苦労も努力もそこにはありません。

ところが、そうした朝食の写真を毎日投稿し続けていると、段々と私のアカウントを見てくれているユーザーからのリアクションに

変化が起きてくることがわかりました。

初めのうちは「この人は朝ごはんが好きなんだね」「焼き魚が好きみたいだぞ」という反応が大半でしたが、「朝ごはんの習慣、私もつけたいな」「今度一緒に朝ごはん食べたいな」と、自分も何かしたい、一緒に私と何かをしたいとユーザーから伝えてもらえるようになったのです。また、「毎朝の楽しみです」「見ると元気になれます」など、人にいい影響を与えていることを実感できるような反応も増えました。

つまり、**世間で言う「映え」とか「凄い」「貴重」とか言われるような特別な枠に入るようなものでなくても、毎日続けることでそれも一つの自分だけのオリジナルコンテンツとして成立する**のです。

自分の中では「こんなこと」と思うことでも、人にとっては違う感覚で受け入れられるものがたくさんあると思います。**全然凄くない、ありのままの自分を出す、それを続けてみましょう。人によっては安心や心地よさを感じたりなどいい影響を与えられる**ことがあるのです。そして、**ありのままの自分を出した時、相手からのリアクションやフィードバックが自分にとってはとてもうれしく、日々のエネルギーになる**ことを忘れないでください。

私は、毎日「朝食の写真」をインスタにアップしていますが、皆さんの場合、それは「昼食の写真」「夕食の写真」でもいいですし、「日課のウォーキングの写真」でも「毎日食べているヨーグルトの写真」でも何でも構いません。

ただ、先に述べましたようにそこに「ありのままの自分」を出すことに留意しましょう。それは「遊び心」や「こだわり」という言葉に置き換えられるかもしれません。

繰り返しますが、今の時代、学生が就活したり、社会人が転職する際、応募した会社の人事採用担当者が応募者のSNSを事前にチェックするケースは珍しくありません。それを意識したコンテンツを作るべきとまでは言いませんが、継続して同テーマの投稿しているSNSは目立つと思います。

私の「朝食の写真」の場合ですと、「この人は、毎日手作りの朝食を作れるほどの余裕を持ち、健康管理の意識が高いわけだな。仕事を任せても大丈夫そうだ」と採用担当者から思ってもらえる可能性もあるわけです。

さて、私がSNSなどで投稿してきたオリジナルコンテンツ中で、シリーズ化したところ、好評だったものを紹介します。

まずは、ご馳走の横に私の顔を置いて撮影する「生首《なまくび》シリーズ」。このシリーズは、世の中のSNSの写真には、ただのご馳走の写真ばかりが溢れていて面白くなかったので、生首に見える私の顔とご馳走が一緒に写った写真に対して人はどう反応するか？ちょっとした実験のつもりで始めてみました。気づけば行く先々の飲み会で周りの人もマネをし始め、私がいない飲み会でもそういう写真を撮る人が増えたりしました。ちょっとした違和感を面白いと感じると人はマネをするのだなぁという学びがありました。

また、旅行先で記念写真を投稿する際に「パパのジェットでやってきました」とコメントする「パパジェットシリーズ」もウケました。最近では「パパジェットシリーズ」と同路線とも言える男性とのツーショット写真を相手の顔がギリギリ見えない形で投稿する「におわせシリーズ」も行なっています。「パパ活」や「におわせ」など世間で話題になっているものを皮肉めいた形でウソも織り交ぜながら遊ぶことに「ふざけてる」と感じる人もいるかもしれません。

パパジェットシリーズ。パパのヘリでフランスのモン・サン・ミシェルを旅した時の風景。ＧＰＳ機能が私の実際にいる場所を表示（笑）。

私がこういう発信を行っているのは、まさにふざけたことをするキャラクターとして認知されたいのと、社会的な風潮を自分らしくいじるならこういうことかな？　のクリエイティブな遊びをしたいと思っているからです。

パパジェットシリーズでは、30～40代の女性からの反応が多かったです。パパ活には否定的でありながらも優雅な生活を提供してくれるパパという存在に、女性は密かな憧れを抱いているのかもしれないという気づきがありました。におわせシリーズでは、男性からの反応が多くあり、「俺もにおわせしたい」と言って顔の入らない写真撮影を求められることが少なくありませんでした。女性も男性も性別を問わず、秘密めいた関係というものにどこか心がくすぐられるのかもしれません。

何かを続けているとそれは相手の中で何かしらの感情が生まれ、意見を持ち、行動につながるということを実感した出来事でした。自分のコンテンツのシリーズ化、ぜひ考えて作り出してみてください。

外に出ていろんな人と話す

自分の強みが行動するうちに見えてきて、自己紹介もできたらどんどん外に出ましょう。会社とも家族とも違うコミュニティで自分を伝える経験をたくさん積み、人とのつながりを作るのです。

人とのつながりは自分の殻を破るきっかけとなります。今の私たちはインターネットを利用する環境となり、自分の閲覧情報や購入履歴によって自動的に自分の行動に近い情報が提供される環境になっています。

SNSの中で自分の好みに合わせてカスタマイズされたサービスや投稿、似たよ

うな友人やインフルエンサーに囲まれていては、自分の世界観に疑問を抱いたり、視野を広げる情報に触れる機会を失いかけてしまうでしょう。

自分らしさを作り上げたり、新たな価値観を自分の中にインストールするためには、いつもとは違う属性の人の考えを聴いたり、本を読んだり、多様な価値観を知ることが重要です。

人とのつながりは自分の心の支えにもなります。何か起きたときに助けてもらえるという安心感は生きていく上での幸福度を上げる大きな要因となります。

人とのつながりのきっかけを作れる場所は多様にあります。ボランティアや趣味のサークルだったり、学校に通ったり、旅に出てみたり。今の時代、インターネットを介した出会いも多くのサービスによって提供されています。ほんの些細な接点からつながりを広げることだってできるでしょう。

自分につながっている人がどのくらいいるのかを書き出してみるのもいいと思います。どの業界や業種において声をかける・かけられる関係性があるのか？ 仕事を一緒にしたいと思える人は誰なのか？ 気軽に飲みに誘える友だちはいるか？ いざとなったときに頼れると思える人は誰なのか？　属性に偏りはないか？　十分な数のつながりはあるのか？　などなど。

仕事ばかりしていたり、子育てで外に出る機会が少ないと、つながりの輪がとても小さくなる可能性があります。幅広い人とのつながりは人生の豊かさに大きく影響してきます。関係性を作る努力をしましょう。

話の粒度からわかる心の知能指数

会話をしていて面白い人と面白くない人の差に話の粒度の違いがあります。

例えば「好きな食べ物は何ですか？」という質問をした時に、ただ「肉です」とだけ答える人と「肉が好きなんですけど、中でも牛タンが一番好きなんです。脂が乗っていながらも食べやすくて、ちょっとサクッとしたような歯応えも好きなところです。週に2回はお肉を食べちゃいますね」と返ってくる人では印象は大きく異なりますよね。

前者の「肉です」とだけ答えた人から後者と同じ情報を引き出すには「好きな部位はなんですか？」「好きな理由は何ですか？」「どのくらいの頻度で食べますか？」と追加で質問をする必要が出てきます。

しかし、何度も質問するよりも一度で聞きたい情報に近いことを答えてくれた方が聞き手も楽ですし、興味を持てるポイントがつかめて気持ちも上がりますよね。要するに**会話というのは相手が何を求めているのかを考えて情報を提供することによって相手の反応を引き起こし、互いの感情の変化を楽しむもの**なのです。

複数の情報を出すことによって相手にも選択肢が生まれます。そこから気になったポイントを深掘っていくことが可能になるのです。ただ、質問に端的に答えることが不正解というわけではありません。そこに自分としての意図があればいいのですが、相手のことを全く考えずに無視した形であれば、それはコミュニケーションとしては不毛なものとなります。

これは仕事の現場でもとても重要な要素になります。なぜなら、企業が採用する人に求める能力として最も高いのはコミュニケーション能力だからです。**どんなに仕事ができても、人との関係をうまく作ることができない人は企業にとってお荷物になる**

可能性があると言えます。

知能指数を表すＩＱと似たもので、心の知能指数を表すＥＱ（Emotional Intelligence Quotient）という指数があります。これは感情をコントロールして応用できる能力のことで、対人関係や対人能力を良好にするために必要な基礎能力とされています。

ＥＱが高い人は相手の気持ちを敏感に察する能力があり、自分の気持ちをコントロールして人に接することができるので、無駄な衝突やトラブルなどを起こさず人間関係を円滑に育むことができるのです。

ＩＱは先天的なものと言われており、ＩＱが高い人には頭の回転が早く、記憶力も良いという特徴があります。ＩＱの低い人が訓練によってＩＱを上げることは難しいと言われています。

一方、ＥＱはトレーニングをすることでその数値を上げることができるので、ビジネスの現場でも注目されている能力です。

ＥＱが高い人の特徴としては柔軟性がある、共感力がある、傾聴力がある、ストレス耐性がある、素直、粘り強いなど色々あります。診断テストでも自分の傾向を知ることができますし、仕事のメンバーとも互いの特徴を知るものとして利用するのもいいでしょう。

人を積極的に褒めてみる

人との関係性を作るのに、とてもいい方法があります。

それは相手を褒めることです。相手のことを観察してその人が何にこだわりを持っているのか、大事にしていることや人に伝えたいと思っているポイントなど、それがどこなのかを見定めます。そのポイントと自分が感じたことを絡め合わせて率直にポジティブなワードを使って褒めるのです。

褒めるというのは相手に興味がありますよ、見てますよというメッセージでもあるのです。私は初対面の方にも「素敵なシャツですね」とか、「髪型がとても似合っていますね」など見た目に対してポジティブな感想をするようにしています。**相手は自分に興味を持ってもらえたことに感動して心を開いてくれたり、いい気持ちになってもらえて会話が一歩前進する**のです。

「人のどこを褒めたらいいかわからんよ」という方もいると思います。**褒める力というのは才能ではなく、努力や勉強をすることで培うことができる**のです。

褒めるポイントというのはいくつもあります。見た目や話している内容、話し方や気遣いなどのコミュニケーションの取り方、過去の実績や周りの評判などなど。

私は街を歩いている時に人をよく見ます。髪型や表情、洋服にアクセサリー、靴に靴下まで見ています。街ですれ違う人を観察してこの人はどこにポイントを置いているのか、何をアピールしたいと思っているのか、何を大事にしたいのかを考えて、もし急にその人と話すことになったら何から褒めるか？　ということを考えて褒める力を高めながら歩いています。

街ゆく人々を観察し続けると、この世代には今こういう髪型が流行っているんだなとか、こういう職業の人はこういうスタイルが好きなんだなということもわかるようになってくるのです。それを続けていると情報のキャッチアップをしながら時代の変化まで感じ取れるようになってきます。その情報を実際に相手を褒める時に織り交ぜながら伝えるとより話が膨らむというのも実践して感じていることです。

また、人と会う時や話す前には必ず相手のSNSで最近どういう活動をしていて、どんな発信をしているのかをチェックします。その中でいいと感じたものに関しても必ず褒めるようにしています。

褒めることに関して抵抗があるというのはとてももったいないことだと思います。**相手を褒めて損することなんてなくて、むしろ相手との良好な関係を築くことのできる超ステキなコミュニケーション手段なので使わない手はない**です。他の人がしないからこそ自分の発言は相手に響きます。

いいと思ったら、すぐに褒める。瞬発力も大事です。感度を高くしていつでも人を褒められる状態にしておきましょう。変化に気づくことも大事です。

髪型を変えたことに気づいたら、ただ「髪型を変えましたね」と伝えるだけではなく、自分がどう感じたかまで伝えましょう。「いい」なのか「悪い」なのか。悪いと思ったら伝えなくていいんです。「髪型変えた？　すごくいいじゃん！」これだけでいいんです。

「前よりいい」という比較しての表現は、自分としては褒めているつもりでも人によっては前の状態が悪かったと感じることもあるので、比較の言葉は使わずに単純に「いいね！」とだけ伝えるのが賢明でしょう。

フォロワー集めに夢中にならない

SNSを使って自分のことをPRしていると、数字として見えるフォロワーの数や「いいね」の数が気になる人も多いでしょう。興味を持ってくれたことの証拠として数字という形になることに快感を覚える人も多いと思いますが、数字を増やすことが目的にならないように気をつける必要があります。そもそも、なぜそのSNSを運用しているのかをしっかり考えましょう。

確かにSNSを仕事に活かしたいと思っている場合、そこから仕事の依頼をしてもらえたり、イベントに呼んでもらえたりするような関係性が生まれるとうれしいです。しかし、それを実現するのにフォロワーの多さはそんなに必要か？　を今一度考えてみましょう。

もちろんフォロワーが多い方が影響力を使ってできることや情報の拡散依頼は増えるかもしれません。日頃から自分が心から思っていることを伝えた上でフォロワーが増えるのはいいでしょう。けれど、**フォロワーを増やすことが目的になってしまうと思ってもないことや世の中の風潮に合わせたことを言い、虚像の自分ができ上がってしまう**恐れがあります。**やりたくないことや不毛なコミュニケーションが増えそこに時間を消費し、そしてそのうちフォロワーを喜ばせることが目的になってしまったりする**のです。**フォロワーを増やすのであれば、増やしたことによって何を得たいと思っているのか？　を明確にする**必要があります。

フォロワー数を増やして何かを得るという特別な目的がなければ、フォロワーが少ないことを嘆く必要ありません。**フォロワーの多さではなく、自分のことを理解してあたたかい目で見守ってくれる互いに認め合う存在が5人でも10人でもいれば十分という考え方をしたっていい**のです。広く浅くよりも狭く深い関係の方が何か起きた時に強い力になることもあると思います。

自分がどんなスタイルでやっていくのかじっくり検討して、人と比較するのはやめ

るよう心がけてください。

仕事のご褒美は人とのつながり

日本で働く人の仕事の満足度は様々なアンケート調査でも世界最低レベルであると言われており、仕事に満足している人というのは日本においてはほんのひと握りです。楽しく生きる、幸せに生きる、お金がある状態にする、と決めて努力して勉強して行動したら、人は自分を変えていけることができると信じています。「自分の幸せのために仕事はやるもの」と私は決めているので、やっていて楽しくない仕事はしませんし、自分を不幸にする人からはすぐに離れるようにしています。

そして、何よりも仕事をしていて得られるもので最も大きいものは、人とのつながりだと断言できます。普通に生活していたら出会えない人とつながる機会を得られます。そのつながりをさらに深めることもできます。

私がＩＴベンチャー企業でＰＲの仕事をしていた時に社長から「飲食店経営者向け

のＩＴ啓蒙のカンファレンスをやりたい」とリクエストをもらいました。当時まだ外食産業においてＩＴツールの導入が進んでおらず、生産性の低さが課題となっていました。飲食店経営者も関心はあるものの、まだまだＩＴに対してのアレルギーがある状態だったので、すでに利用している企業の事例を紹介したり、業界のトップの方々に外食産業の未来展望について語っていただくことによってＩＴを活用することのメリットを理解してもらおうとしたのです。

私はカンファレンス全体の総合プロデューサーとなり、セッションの企画から登壇者の選定とオファー、集客に会場の選定、メディア誘致にスポンサー集め、行政へのロビイングにクリエイティブのディレクションまで行いました。

中でも特に心理的ハードルが高かった仕事は、飲食業界のトップと言われる方々へのオファーです。カンファレンスを開催すると決めた当時、私のいた会社は創業2年程度のスタートアップだったので、まだ業界での認知度が低く、お声がけしても登壇の承諾をいただくことができるのだろうか？　という不安ばかりでした。

まずは自社のサービスを利用していただいている企業経営者や提携しているＩＴ企業へのオファーから始め、徐々に全く面識のない企業経営者にアタックしていきました。幸いお声がけしたほとんどの方が外食産業のＩＴ導入の遅れや生産性の低さに課題感を持っていてくれていたため、次第に参加者は増えて、小さい規模ながらも初回を成功のうちに終えることができました。

その後も年に一度の開催を続けました。回を重ねるごとに期待の高まりを感じ、千名規模の会場を抑えてしまった時の緊張感たるや……。開催３回目の時には、あのホリエモンこと堀江貴文さんにメインゲストとして登壇していただこうという話になりました。しかし、私は堀江さんとは面識がありませんし、何より登壇料が恐ろしい金額なのでは？　という不安を抱きました。

ですが、ここで持っていた人脈が活きます。知り合いが同様のカンファレンスで堀江さんにオファーをしていたことを思い出したのです。その知り合いにアドバイスを貰い、どうやったらオファーを受けていただけるのかをじっくり考えました。結果、堀江さんから快諾をいただき、メインゲストとしての講演も無事に終了。この講演は評判が良く、カンファレンスのブランドが上がったことを感じました。

他にも大阪でミシュラン３つ星を獲得するＨＡＪＩＭＥの米田肇シェフにもどうして

も登壇していただきたい！　と本能がうずき、気がつけば大阪に乗り込んでいました。

共通の知り合いなどは全くいません。ご本人が私たちのサービスも社名も知らない可能性も大いにあります。けれど、恐れていても仕方ないと思い、米田さんが登壇されるイベントに参加して接点を持たせていただこうと考えたのです。

会場にいらっしゃった女性とお話をしていたら、その方が偶然にも米田さんの奥様だったのです。私が大阪まできた理由をお伝えし、自社のサービスにも興味を持っていただいて、米田さんにご挨拶することもできました。その後、お店にもお伺いさせていただき、カンファレンスの意義を説明して登壇の承諾をいただけました。

その数年後、私はその企業を退社しましたが、米田さんの奥様とは今でも連絡を取り合い、たまに食事をしたり、とてもいい関係を持たせていただいています。

仕事がなければ、こうした関係にはなれなかったと思いますし、仕事だからと割り切り過ぎても関係は築けなかったでしょう。仕事の人格と個人の人格を切り分けずに、ありのままの私で接したからよかったのだと思います。

私は仕事で出会った関係であっても、友だちになれる、なりたいと思っています。友だちくらいの距離感で気軽に何でも言い合えるくらいの関係の方がいい仕事ができると信じています。「契約をしたから」「契約を切られたくないから」「お金を払った」「お金を払われているから」といった理由で本質的ではないビジネスをすることに何の意味があるのでしょう？　腹を割って話ができ、お互いを尊重して高めあえる関係性が一番気持ちよく仕事ができるし、お互いの才能が爆発して成果も残せます。

先にご紹介した「飲食店×ITのカンファレンス」のプロデュースにより、私には飲食店経営者や飲食店向けのITツールの経営者、飲食系・IT系メディアとのリレーションができました。それによって私は自分の市場価値を高めることができました。というのも、PRの仕事をしていて飲食とITの両方に知見があり、さらには経営者とのリレーションまで持った存在は他にほとんどいないからです。どちらかに偏った方はいるけれども、どちらもわかる存在はそういないので、その企業を退職してからも飲食店の経営者からお声がけいただくこともあれば、IT系から手伝って欲しいと言われることもあり、幅を広げた活動をしてきてよかったと思っています。

また飲食系だけに限らず、同時期に創業したメルカリやマネーフォワード、ココナラやSmartHRなどをはじめとした数多くのITベンチャーの経営者や企業の中の人たちともイベントや食事会などで積極的に交流して関係性を築きました。自分も相手も所属企業を退職しても新たなチャレンジをしているので、ＳＮＳやリアルの交流の場でベンチャーやスタートアップ業界の最新情報が自然と入ってきます。それによって現代の感覚を老朽化させずに常に自分をアップデートできていると感じています。

様々な飲食関係の方と知り合うことができたおかげで、プライベートでも大好きな食を楽しんでいます。「新しいお店がオープンしたよ！」と聞き訪ねてみると、かつてお仕事をさせていただいていた方々や元同僚といった懐かしいメンバーに再会して乾杯することも少なくありません。話も弾み、料理もより一層美味しく感じます。仕事を頑張ってよかったなぁ……私にとってはこの瞬間こそが至福の喜びです。

仕事をしている上で感じるのは結局「人は人に生かされている」ということ。人のつながりが自分一人でやることの何十倍、何百倍にしてくれるのです。共に苦労して汗水垂らして頑張った仕事ほど、つながりの強い関係性が生まれます。

仕事のご褒美は人とのつながり。それを意識して今日の仕事を頑張りましょう。

おわりに

ここまで読んでいただき、本当にありがとうございました。私が自分の生き方や考え方を伝えたいと思うのには理由があります。最後に少しだけお付き合いください。

私は38歳の時に死にかけたことがあります。スキー中に転倒し、くも膜下出血を起こしました。転んだ時に頭を強打した影響で脳が損傷し、事故当時のことは一切記憶にありません。顔も傷だらけで唇は腫れ上がり、体も節々が痛い。もちろん仕事はできず、病院で静かにしているしかありませんでした。自分で起こした事故なので誰かを責めることもできず、自分と向き合う孤独な時間だけが流れていきました。

仕事ができること、普通に生活できること、ご飯を食べられること、人と笑いあうこと、本当に何気ないことでも全てが幸せなことだったのだと痛感しました。

その後、病院からは一週間で多額の治療費や入院費がかかると知らされ、治る見込みのまだ見えなかった私にこの先どうなってしまうのだろうと大きな恐怖が襲いかかってきました。けれど、私には書いて伝えるという能力がまだ残されていました。

自分の状況や感情をＳＮＳで発信し、フレンドファンディングというサービスを使って寄付を募りました。貯金はありましたが、どうしても不安な気持ちが拭えず、そして人とのつながりを感じたいという気持ちがあったからです。

いざ蓋を開けてみると、１週間で３００名もの方から寄付をいただいたのです。そんなにも大勢の人たちが私のために動いてくれたという事実がとてつもなくうれしいと感じました。暖かい言葉が毎日のように届き、涙が止まりませんでした。

約半年後、また自分の人生を歩んでいけると思える状態まで回復しました。療養期間に得たものは体の健康だけでなく「これまで培ってきた人とのつながりによって救われた」という心の充足感でした。これからは自分自身に対しても他人に対しても優しい気持ちを持ち、いただいたものを還元していきたいと思うようになりました。

事故は不運な出来事ではありましたが、そこから学ぶことができたものはとても大きく、私の中の主軸にもなっています。人はいつ死ぬかわからない。明日死んでしまうかもしれない。だから今を全力で生きよう。

「いつかをいまに」が私の生きるモットーです。

誰の人生でもなく、自分の人生に対して正直にまっすぐに向き合い、「幸せだ」と感じて過ごせる人が一人でもいいから増えて欲しい。そういう思いで本書を書きました。思いが少しでも届いてくれたらうれしいです。

本書は不器用でヘタクソでポンコツな私を優しく支えてくださる方々のおかげで作ることができました。心から感謝申し上げます。

そして、本書を読んでくださったあなたに最大級のお礼を申し上げます。もし宜しければ、次のアドレスまで率直な感想をお寄せください。ＳＮＳのＤＭでも結構です。

denmichiko@gmail.com　件名：一生仕事に困らない［最強の自分］の作り方・感想

私も皆さんと一緒にもがきながら、人生、そして仕事を楽しんでいきたいと思っています。近い将来、あなたとお話しできる日を楽しみにしております。会ったら「でんちゃん」って呼んでくださいね！

２０２２年11月

田　美智子

【著者紹介】

田　美智子（でん　みちこ）

PR戦略コンサルタント。

1981年4月26日生まれ。北海道出身。宮城大学卒業。

これまでに8000人の大企業から200人のベンチャー中堅企業、10人のスタートアップに3人のベンチャーキャピタルなど様々な組織で、PRやコミュニケーションの仕事に携わる。38歳の時にサラリーマンを卒業して自分のペースで生きてみようと思い独立。現在はフリーランスとしてITベンチャーをはじめとした企業のPR戦略のコンサルティングやPRコミュニティのプロデュースを行う。他にも趣味や経験を生かして家事代行や整理収納コーチング、ダイエットのパーソナルトレーナーやファッションスタイリストなど多岐に渡る活動を行う。宮城大学事業構想学部事業計画学科非常勤講師。モットーは「いつかをいまに」。

一生、仕事に困らない［最強の自分］の作り方

2023年1月1日　初版発行

著　者　田　美智子
発行人　相澤　晃
発行所　株式会社コスミック出版
〒154-0002　東京都世田谷区下馬6-15-4
代表　TEL. 03-5432-7081
営業　TEL. 03-5432-7084
　　　FAX. 03-5432-7088
編集　TEL. 03-5432-7086
　　　FAX. 03-5432-7090
http://www.cosmicpub.com/
振替　00110-8-611382

ISBN 978-4-7747-9280-4 C0030
印刷・製本　株式会社光邦